经子浅谈

杨伯峻 著

中华书局

图书在版编目(CIP)数据

经子浅谈/杨伯峻著. —北京:中华书局,2016.5
(2023.3重印)
ISBN 978-7-101-11345-7

Ⅰ.经⋯　Ⅱ.杨⋯　Ⅲ.经学-中国-通俗读物　Ⅳ.Z126-49

中国版本图书馆CIP数据核字(2015)第264367号

书　　名	经子浅谈
著　　者	杨伯峻
责任编辑	张继海
责任印制	陈丽娜
出版发行	中华书局
	(北京市丰台区太平桥西里38号　100073)
	http://www.zhbc.com.cn
	E-mail:zhbc@zhbc.com.cn
印　　刷	三河市鑫金马印装有限公司
版　　次	2016年5月第1版
	2023年3月第3次印刷
规　　格	开本/880×1230毫米　1/32
	印张5¼　插页6　字数100千字
印　　数	12001-14000册
国际书号	ISBN 978-7-101-11345-7
定　　价	24.00元

《论语译注》1980年版封面

孟子譯注

楊伯峻編著

蘭州大學中文系孟子譯注小組修訂

《孟子译注》1962年版封面

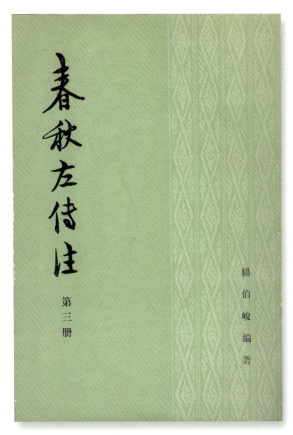

《春秋左传注》1981年版封面

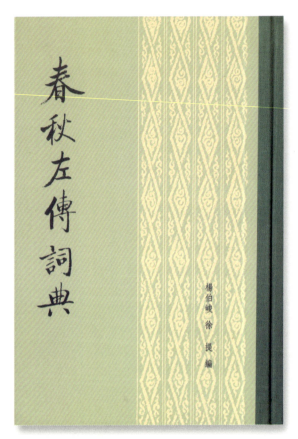

《春秋左传词典》封面

《列子集释》龙门联合书局1958年版封面

《列子集释》中华书局1979年单行本封面

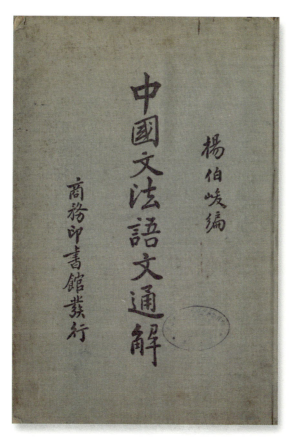

《中国文法语文通解》1936年版封面

《文言语法》1955年版封面

出版说明

　　杨伯峻先生（1909—1992），本名杨德崇，是现代著名语言学家和古籍整理专家。湖南长沙人。1932年毕业于北京大学中文系。杨先生旧学功底深厚，尤其长于经学和小学，曾拜在黄侃门下，但据先生自述，其学问受益于叔父杨树达者更多。建国后几经辗转，杨先生在中华书局立定脚跟，将自己的所学投身于古籍整理事业。他参加了1970年代"二十四史"的点校和编辑工作，承担了《晋书》的定稿和编辑出版。1980年代初，他是中华书局屈指可数的几位编审之一。他的《论语译注》《孟子译注》和《春秋左传注》，不断重印（其中《论语译注》的累计印量已超过120万册），蜚声海内外。

　　从《文史知识》1982年第1期开始，设立了一个"经书浅谈"栏目，由杨伯峻先生打头执笔，连载了8期，介绍了"十三经"中的7部，余下的6部经书由另外6位专家（分别是刘起釪、阴法鲁、金景芳、王文锦、陆宗达和王宁）接续完成。杨先生还有其他一些关于经学和诸子方面的文章，深入浅出，平易近人，把自己的治学经验和心得体会毫无保留地告诉了后人，为青年学子指示了门径。

　　这本《经子浅谈》，搜集了杨先生有关这方面的论述文字，并作了精心编排。这些内容来源于三本书，分别是《文史知识》编辑部编的《经书浅谈》（中华书局1984年），以及先生自著的《杨伯峻学术论文集》和《杨伯峻治学论稿》（此二书由岳麓书社于1984和1992年出版）。所收文章分为三组。第一组14篇文章，是关于古代经书和子书方面的导读；第二组两篇文章，是关于清代经学和古汉语虚词研究（属于传统小学）方面的概要介绍；第三组6篇文章，属于学术自传的性质，其中前3篇是杨先生对自己治学经历的回顾，后3篇是对师友的忆念。通过这本小书，读者不仅可以拿到进入国学经典宝库的密钥，而且可以略窥传统学问的堂奥，明白那些看似简易的经典译注背后，是有怎样深厚的学术积累在作支撑。

本书的编辑出版，得到了杨伯峻先生家属的大力支持，特表谢忱！

最后需要说明的是，考虑到《论语译注》、《孟子译注》和《春秋左传注》影响甚大，这三本书前面的"导言"或"前言"之类文字并未收入本书，请读者互相参酌，或可对经典本身有更全面和深入的了解。

中华书局编辑部
2015年10月

目　录

《经书浅谈》导言

一、一点说明

这里谈的"经书"，其实就是"十三经"，它是自宋朝以来确定的，到今天还习以为常，不是有《十三经白文》、《十三经索引》《十三经注疏》等等可以为证吗？这是"儒家"的经典。拆穿西洋镜，也不过那么回事。

经书浅谈，只限于浅谈各种"经书"的主要内容，著作年代，我们今天怎样看待它；若要研究它，如何着手，如何深入。在这些方面提供自己一点看法，同时扫清一些研究上的障碍。

二、"经"名考

为什么叫"经"？有各种各样的说法。我把一些难以站住脚的各种说法撇开不谈，专从历史考据上讲讲这问题。"经"作书名，最早见于《国语·吴语》的"挟经秉枹"。这是讲吴王夫差要和晋国决一胜负的战前情况。韦昭注说："经，兵书也。"而清末俞樾却认为"世无临阵而读兵书者"。依俞樾说

"挟经"是掖着剑把手，"秉枹"是拿着鼓槌。但剑不插在剑鞘里，偏要挟在腋下，不但古代无此说法，而且捶鼓也难以使劲。俞樾的说法有破绽。总之，面临交战，挟着兵书临时请教它，自未免可笑，俞樾这一驳斥还是有道理的。因之，《吴语》的"经"，我们不看做"兵书"。《墨子》有《经》上、下篇，也有《经说》上、下篇。《经》的文字简单，甚至三四个字便是一个命题。《庄子·天下篇》说墨学弟子徒孙都读《墨经》，可见"墨经"之说起于战国。《经说》便加以说明。《荀子·解蔽篇》引有《道经》，不知《道经》是什么时代的书。《韩非子》的《内储说》上、下，和《外储说》左上、左下，右上、右下（共四篇）也有"经"和"说"，可能是仿效"墨经"的。可见，"经"是提纲，"说"是解释或用故事来作证和说明。《礼记》有《经解篇》，可能是因此而得启发的。至于《汉书·艺文志》有《黄帝内经》一类医书，因为那是后人伪作的，便不讨论了。

由上所述，"经"名之起，不在"儒家"。"经"的意义，也未必是用它"经常"的意义，表示它是永远不变的真理。西汉的经学家以及以后的"今文派"认为只有孔子所著才能叫"经"，他们不懂，"经"未必是孔子所著；而且"经"名之起，据目前所知文献记载，大概起于"墨经"，不起于孔子。后代把"经书"这一"经"字神秘化，甚至宗教化，因之凡佛所说叫做"佛经"，伊斯兰教有《可兰经》。道教称《老子》为《道德经》，《庄子》为《南华真经》，《列子》为《冲虚至德真经》。

《史记·孔子世家》说孔子读《易》韦编三绝。《抱朴子·外篇·勖学第三》也有这一说法。在考古发掘中，无论竹简木札或帛书，只有用丝线和麻织物把竹简、木札编缀成册的残迹。"经"本是丝织之名，是否因以丝织物装成册而给以"经"名，前人多主此说，但也难以肯定，因为用丝、麻织物把竹简、木札编缀成册的不止"经书"。

把"儒家"书籍说成"经"的，开始见于《庄子·天运篇》："孔子谓老聃曰：'丘治《诗》、《书》、《礼》、《乐》、《易》、《春秋》六经，自以为久矣。'"似乎"六经"之名，是孔子自己所说。如果这说可信，甚至"六经"之名，孔子以前早已有之，他才能说我研究这"六经"。可惜的是《庄子》这部书，自己也说"寓言十九"（见《寓言篇》），不尽可信。但总可以证明，在战国时，儒家已有"六经"。《庄子·天下篇》更进一步说："《诗》以道志，《书》以道事，《礼》以道行，《乐》以道和，《易》以道阴阳，《春秋》以道名分。其数散于天下而设于中国者，百家之学时或称而道之。"这几句话意思是：《诗》表达思想感情，《书》记述历史，《礼》讲的是应对进退、周旋揖让，《乐》讲的是声音和谐，《易》讲的是阴阳，《春秋》讲的是君臣上下。这种道术分布在四方而在诸侯各国中有所表现和设施的，各家各派有时有人称道它。"这样一说，"六经"不但是儒家所专有，而且它是以后"百家争鸣"的学术源泉。汉代尊经，据郑玄说，"六经"的竹简长二尺四寸（见《仪礼·聘礼》贾公彦《正义》引郑玄《论语序》）。从1959年7月在甘肃武威汉墓所出土的竹、木简的《仪礼》看来，这话是可信的。

三、《十三经》的完成经过

如上所说，儒家经书，最初只有"六经"，也叫"六艺"（见贾谊《新书·六术篇》)。到后来，《乐》亡佚了，只剩下"五经"。《乐经》可能只是曲调曲谱，或者依附"礼"，由古人"礼乐"连言推想而知之；或者依附"诗"，因为古人唱诗，一定有音乐配合。我还猜想，无论"礼乐"的"乐"，或者"诗乐"的"乐"，到了战国，都属于"古乐"一类，已经不时兴了。《孟子·梁惠王下》载有齐宣王的话，说："我并不是爱好古代音乐，只是爱好一般流行乐曲罢了。"春秋末期，诸侯国的君主或者使者互相访问，已经不用"诗"来表达情意或使命。战国时期，若引用诗句，作用和引用一般古书相同，完全不同于春秋时代用"诗"来作外交手段。那么，依附于"诗"的乐曲乐谱自然可能废弃不用。而且根据目前已知的战国文献，西周以至春秋那种繁文缛节的"礼"也长时期不用，依附于"礼"的"乐"也可能失掉用场。"乐"的亡佚，或许是时代潮流的自然淘汰。《乐经》的失传是有它的必然性，所以《汉书·艺文志》没有《乐经》。至于东汉末年曹操从荆州得到雅乐郎杜夔，他还能记出《诗经》中四篇乐谱，我却认为，杜夔所记出的《诗》的四篇乐谱未必是春秋以前的古乐谱。

"六经"的次序，据《庄子·天运》和《天下》、《徐无鬼》诸篇，《荀子·儒效篇》、《商君书·农战篇》、《淮南子·泰族训》、董仲舒《春秋繁露·玉振篇》以及《礼记·经解篇》、司马迁《史记·儒林传序》，都是《诗》、《书》、《礼》、《乐》、《易》、《春秋》(唯《荀子》和《商君书》没谈到《易》)。但到班固《汉书·艺文志》的《六艺略》，六经的次序改为《易》、《书》、《诗》、《礼》、《乐》、《春秋》。以后许慎的《说文解字序》以至现在的《十三经》都把《易》改在第一。为什么到后汉时把"经书"的次序移动了呢？很可能他们认为"经书"的编著年代有早有晚，应该早的在前，晚的在后。《易》，据说开始于伏羲画卦，自然是最早的了，列在第一。《书》中有《尧典》，比伏羲晚，列在第二。《诗》有《商颂》，或许是殷商的作品罢，列在第三。《礼》和《乐》相传是周公所作，列在第四和第五。至于《春秋》，因为鲁史是经过孔子删定的，列在第六。

无论《诗》、《书》、《礼》、《乐》、《易》、《春秋》也好，《易》、《书》、《诗》、《礼》、《乐》、《春秋》也好，统称为"六经"，《乐经》亡失，变为"五经"。《后汉书·赵典传》和《三国志·蜀志·秦宓（mì）传》都有"七经"之名，却未举"七经"是哪几种，后人却有三种不同说法：（1）"六经"加《论语》；（2）东汉为《易》、《书》、《诗》、《礼》、《春秋》、《论语》、《孝经》；（3）"五经"加《周礼》、《仪礼》。这三种说法不同，也不知道哪种说法正确。唐朝有"九经"之名，但也有不同说法：（1）《易》、《书》、《诗》、《周礼》、《仪礼》、《礼记》、《春秋》、《论语》、《孝经》；（2）《易》、《书》、《诗》、《周礼》、《仪礼》、《礼记》、《春秋左氏传》、《公羊传》、《穀梁传》。宋人晁公武《郡斋读书志》说，唐太和（唐文宗年号，公元827—835年）中，复刻"十二经，立石国学"。这"十二经"是《易》、《书》、《诗》、《周礼》、《仪礼》、《礼记》、《春秋左传》、《公羊传》、《穀梁传》、《论语》、《孝经》、《尔雅》。到宋代，理学派又把《孟子》地位提高，朱熹取《礼记》中的《中庸》、《大学》两篇，和《论语》、《孟子》相配，称为《四书》，自己"集注"，由此《孟子》也进入"经"的行列，就成了"十三经"。这便是《十三经》成立的大致过程。

《十三经》长短大不相同。长的如《春秋左氏传》，连

"经"带"传"，合计十九万六千多字；其次是《礼记》，有九万九千多字。最短的是《孝经》，仅一千八百字。《孝经》自汉朝以来，一般不用它为科举考试的书。唐朝科举，沿袭隋炀帝的制度，有明经科，专考九种经书。因经书有长有短，便规定《礼记》《左传》为大经，《诗》《周礼》《仪礼》为中经，《易》《书》《公羊传》《穀梁传》为小经。宋朝虽然废除了明经科，但没有废除以经义考士人，便以《诗》《礼》《周礼》《左传》为大经。

浅谈"经书"，并不容易。要用通俗的语言，简短的篇幅，介绍某一"经书"的繁复内容和来龙去脉，又要作适当的评价，并大致讲讲今天怎样看待它，怎样研究它。作者首先要对所介绍的书，有相当正确而深入的理解，详细阅读这部书的古今有关著作，胸中有主张，才能构思着笔。我们几人，分工合作，都自己忖度，水平有限，很难达到广大读者所抱的期望。但迫于《文史知识》负责编辑的催促，于百忙中抽出时间，仓猝成篇，错误和遗漏自然难免。希望专家和读者提出意见，以便修改和补充。

《周易》

一、《周易》本是占筮书

古代人对于自然和社会现象的客观情况和规律极其缺乏认识，因之产生不少迷信活动。卜和筮（shì）便是一种迷信。尤其是上层人物，什么举动都得先请教神灵，问问吉凶。卜用乌龟腹甲或者牛胛骨，自清代末期在河南安阳殷墟（商代首都旧址）发现大量卜辞以来，为研究中国殷商史提供了第一手实物资料。最近在陕西扶风县、岐山县一带，即西周建国前的周原地区，又发现周代卜甲、卜骨，虽然数量不大，却很有价值。用实物证明了西周在建国前，即武王灭纣以前，早就用龟甲牛骨占卜了。以后又用蓍（shī）草卜卦，叫占筮。《周易》这部书，就是提供占筮者用的。《周易》就是今天的《易经》，又简称《易》。

蓍草就是民间通称的蚰蜒草或者锯齿草，用它的茎作占筮工具。大概用蓍草茎五十根，又抽去一根，得四十九根，分别数它们的数目，把它们分为几份，这叫做"揲"（shé），然后成卦。要揲好几次，由原先的卦再看它又变成什么卦，最后参考占筮书，来预测吉凶。

传说占筮书有好多种，从《左传》和《国语》这种春秋史书来考察，一般用的是《周易》。也有一些不见今本《周易》的语句，或许用的是《周易》以外的占筮书。至于《周礼·春官·大（太）卜》所说的《连山》、《归藏》二种占卦书，谁也没有见到过，《北堂书钞》一〇一卷引桓谭《新论》说："《厉山》（即《连山》）藏于兰台，《归藏》藏于太卜。"但刘向、刘歆父子校雠（chóu）中秘书，班固著《汉书·艺文志》，不加著录，桓谭当时仅仅一小官，怎么能看到？还说什么"《连山》八万言，《归藏》四千三百言"（《太平御览》六〇八卷引），我认为难以相信。现存《连山》《归藏》是假货，就不必说它了。

二、《周易》内容

《周易》最基本的东西是"阴""阳"两个符号，"—"是"阳"，"——"是"阴"。由这两个符号，连叠三层，组成八卦；☰（乾）、☷（坤）、☵（坎）、☳（震）、☴（巽）、☲（离）、☶（艮）、☱（兑）。这八个卦，互相重叠，又组成六十四卦。六十四卦中，每卦六爻（yáo），从下往上数，第一爻叫"初"爻，第二、三、四、五爻仍用"二""三""四""五"为名，最上一爻叫"上"爻。那一爻若是阳爻"—"，便叫"九"；阴爻"——"，便叫"六"。初爻叫"初九"或"初六"，最上一爻叫"上九"或"上六"。其余的便是"九二"或"六二"，"九三"或"六三"，"九四"或"六四"，"九五"或"六五"。每卦有卦辞，每爻有爻辞。六十四卦的卦辞和三百八十六爻的（本三百八十四爻，再加上《乾·用九》、《坤·用六》二条爻辞）爻辞，是《周易》

"经"的部分。又分为上、下两篇，上篇三十卦，下篇三十四卦。

《周易》有"经"，自然有"传"。《易传》有七个部分，十篇，所以叫做"十翼"，意思说这十篇文字是"经"的羽翼。《十翼》七种十篇是：

一、《彖（tuàn）传》，解释六十四卦的卦名、卦义和《卦辞》的，分上、下两篇。彖即断也，断定一爻之义。

二、《象传》，解释六十四卦的卦名、卦义和《爻辞》的，也分上、下两篇。

三、《文言》，只解释《乾》《坤》二卦的卦辞和爻辞。

以上三种，本来是和"经"分离各自单独为篇的，后人因为它和"经"文关系较为密切，便附在各有关"经"文之下。"经"分为上、下，因此《彖传》、《象传》也分为上、下。《文言》，只各附于《乾》、《坤》两卦《象传》之后，这两卦都在上篇，不能再分为上下了。

四、《系辞》，它是《易经》的通论，内容比较庞杂，篇幅也较长，所以也分为上、下两篇。

五、《说卦》，主要记述乾、坤、震、巽（xùn）、坎、离、艮（gèn）、兑八卦（这八卦也叫"八经卦"，因为是由它组成六十四卦的。六十四卦，经过"经卦"的重叠，又叫"别卦"）所象的事物。《说卦》说："乾为天，坤为地，震为雷，巽为风，坎为水，离为火，艮为山，兑为泽。"这是原始卦象。《说卦》又加引申，一个卦可以代表多种事物。

六、《序卦》，解说六十四卦的顺序。

七、《杂卦》，解说六十四卦的卦义，却不依照六十四卦的顺序，错杂解释，所以叫"杂卦"。

以上四种各自独立为篇，列于"经"文之后。本来"经"自"经"，"传"自"传"，今本《周易》把《彖传》《象传》《文言》各附于相关"经"文之后，而把《系辞》以下四篇列在"经"后。有人说，这是由西汉《易》学者费直干的，初见于唐颜师古《汉书·艺文志·注》；又有人说，开始于东汉末的郑玄，见于《三国志·魏书·高贵乡公传》。因为《三国志》是晋人陈寿所著，在唐以前，应该相信它。

三、《周易》"经"的写作时代

依上节所叙，《周易》先得画卦，然后重卦，才能有《卦辞》和《爻辞》。谁画的卦？谁重的卦？传统说法是伏羲氏、神农氏，这当然不可信。伏羲、神农这类人，只是战国以后传说中的人物。但画卦、重卦必然在作卦辞、爻辞之先，现在没有确凿资料得据以推论是谁所为，只好存而不论。

从《卦辞》、《爻辞》看，《卦辞》《爻辞》作于西周初年。因为它所载的内容，有殷商祖先的故事，也有周代初年的史事，却没有夹杂后代的任何色彩。

一、《丰·初九爻辞》说："虽旬无咎。"意思是"纵是十天，不会有祸害"。这个"旬"字，是从殷商承袭下来的，甲骨卜辞有大量"卜旬"记载，到西周中叶以后便不大有人知道了。

二、《大壮·六五爻辞》"丧羊于易。"《旅·上九爻辞》"丧牛于易"。"易"是地名，在易地丧失了牛羊，这是殷商祖先王亥的故事，从前人们都不清楚，自卜辞大量被发现，经王国维仔细研究，才从若干古书结合卜辞钩稽出来。《爻辞》用了这个故事，可见它写作时代的早。

三、《既济·九三爻辞》："高宗伐鬼方，三年克之。"《未济·九四爻辞》："震用伐鬼方，三年有赏于大国。"这二处都讲到高宗伐鬼方，是殷商的历史。

四、《泰·六五爻辞》和《归妹·六五爻辞》都说"帝乙归妹"。帝乙是商纣的父亲，"归妹"意思是"嫁女"，帝乙把少女嫁给文王，可以和《诗·大雅·大明》互相印证和补充。

五、《晋·卦辞》："康侯用锡马蕃庶。"这是说武王之弟康叔被封于卫，饲养周王朝所赏赐的马，日益繁衍。

六、《升·六四爻辞》："王用亨（享）于岐山。"《随·上六爻辞》："王用亨于西山。"这两个"王"字，都是指周文王。周文王在生前已称为文王，王国维有考证，更得到周原卜辞的实证。

七、《既济·九五爻辞》："东邻杀牛，不如西邻之禴（yuè）祭，实受其福。""东邻"指殷商，"西邻"周王国自指。杀牛祭鬼神，可说恭敬了。禴祭仅用饭菜，不杀牲。殷纣虽杀牛以祭，不如周文王的薄祭，鬼神反而使他受福。

另外还有不少故事，因为情况后来失传，现今很难搞明白，暂且不谈。从上面所述，最早有殷商祖先丧牛羊于易的故事，其次有高宗伐鬼方以及帝乙嫁女的史事，又有卜旬的风气，最晚的故事是卫康叔饲养马群，那是周朝已灭纣统一天下了。《卦辞》《爻辞》没有后来盛传尧、舜禅让的事，没有讲商汤、周武王"革命"的话，没有讲封（皇帝登泰山祭祀）禅（祭祀泰山南的梁父山），没有讲观象制器（见《易·系辞》），这些都是春秋、战国时盛行的传说，而在《卦辞》《爻辞》中不见半点影子，足以说明《卦辞》《爻辞》写作较早。《系辞》下说："《易》之兴也，其当殷之末世、周之盛德耶？当文王与纣之事耶？"怀疑《卦辞》《爻辞》作于周文王之世，但从"康侯用锡马蕃庶"这一条看，自在文王以后，许多研究《周易》的人大多认为《卦辞》《爻辞》是西周初的作品。

四、古人如何用《周易》占筮

从《左传》《国语》诸书看，古人用《周易》占筮，并不拘泥于所占得的《卦辞》或《爻辞》；就是说，《周易》说"吉"未必吉，说"凶"未必凶。却能结合占筮者的当时情况，以人事来作近乎合理的判断。后代有些"算命""看相""卜卦"的敛财者，其中有些机灵人，能从种种迹象推测出一些结果，因此被人迷信。譬如《左传》襄公九年，鲁国穆姜筮得随卦，原文是："随，元、亨、利、贞，无咎。"这自是吉卦。可是穆姜结合自己的行为，认为自己没有"元、亨、利、贞"四种品德，尤其是不安于本位，和人私通，扰乱鲁国，完全不合随从之德，因此自己作出判断说："我皆无之（元、亨、利、贞四德），岂随也哉？我则取恶，能无咎乎？必死于此，弗得出矣。"穆姜果然死于被迁移的东宫。又如鲁季氏臣南蒯（kuǎi），要背叛季氏，先占筮，得到坤卦六五爻辞"黄裳元吉"。南蒯自认为这是大吉大利，请教占筮专家子服惠伯。子服惠伯却说："我曾经学习过《周易》，你这次占筮，用于尽忠和诚信的事就可以。不这样，一定失败。"古人认为背叛是不忠不信，结果南蒯失败，逃到齐国。这事见于《左传》昭公十二年到十四年。又如据《国语·晋语四》，晋文公占筮能不能返回晋国为君，也用《周易》，得"屯之豫"（即原文的"贞屯悔豫皆八也"，此用《左传》术语）。占筮之官说"不吉"，司空季子却说"没有比这卦更吉利的"。可见同一占筮，解释竟相反。不是《周易》真灵验，而是解释者是否能结合事理加以推断。可见古人对于《周易》，能够灵活运用。

五、《十翼》各篇的写作时代

司马迁的父亲司马谈曾引《系辞》称为《易大传》，所以后人称《十翼》为《周易大传》，相传为孔丘所作，那是毫无道理的。从宋代欧阳修作《易童子问》，便提出许多论点，说明是孔子以后的作品。以后研究的人越来越多，论证《十翼》不是一人所作，而且不是一时所作。各篇写作时代不同，略略论断于下。

一、《彖传》，这篇写得最早，它只解释卦和《卦辞》，自应较其他为早。因为它已经解释了《卦辞》，所以《象传》便不再解释《卦辞》，而只解释爻和《爻辞》。它有不少用韵处，但《卦辞》《爻辞》与《诗经》用韵不同，而接近于《楚辞》以及《老子》、《庄子》的用韵。以时代论，近于战国；以地域论，近于南方。

二、《象传》，它的解释有和《彖传》很不一致的地方，足见它的作者不是《彖传》的作者，而且很不及《彖传》的作者。《艮·象》："君子以思不出其位。""君子思不出其位"是孔子学生曾参的话，见于《论语·宪问》。《象传》这句话是直接袭用《论语》，可见《象传》之作在《论语》流行以后。但又在

《礼记·深衣》以前，因《深衣》曾说："故《易》曰：'六二之动，直以方也。'""六二之动"二句，正是《坤·六二爻辞》下的《象传》。由此可以推断《象传》很大可能是战国中到晚期作品。

三、《文言》曾经抄录《左传·襄公九年》鲁穆姜解释《随·卦辞》"元亨利贞"四个字，自然着笔在《左传》流行以后，最早也不过战国晚期。

四、《系辞》中有些话曾被汉初人所引用。如"二人同心，其利断金"，陆贾引入《新语·辨惑篇》；"天垂象，见吉凶"，又引入《新语·明诚篇》。司马谈引"天下同归而殊途"，见《史记·太史公自序》。"负也者，小人之事也；乘也者，君子之器也。"为董仲舒对策所用，见《汉书·董仲舒传》。"易简而天下之理得矣"，为《韩诗外传》卷三所征引。足见《系辞》作于西汉以前。而且《系辞》开始"天尊地卑"二十二句，《礼记·乐记》也有大同小异的语句，是《系辞》用《乐记》，还是《乐记》用《系辞》，难以肯定。而从文从理顺看，《乐记》抄袭《系辞》的可能性大。那么，《系辞》更作于《乐记》之前，至迟当为战国晚期的作品。有人说，《系辞》不作于一人一时，系拼凑而成的，"观象制器"一段有抄袭《淮南子》的嫌疑。这种话，目前只能存疑。

五、《说卦》、《序卦》、《杂卦》三篇，写作更晚。三篇之中，《说卦》很可能较早。总之三篇或许在汉初，或许晚到汉宣帝。

六、怎样看待《周易》

《周易》本是占筮书，犹如近代的《牙牌神数》之类的书。

牙牌神数是用三十二张骨牙牌或者木制牌占卜的。假如你得了个"上上，上上，下下"，自然是先吉后凶，打开《牙牌神数》便看到四句话："七十二战，战无不胜，忽闻楚歌，一败涂地。"这是用项羽败于垓（gāi）下，自刎乌江的故事作譬，容易懂。而《周易·卦爻辞》，作于周初，便不好懂。不仅我们今天隔《卦爻辞》的写作大概三千年，很难透彻了解它，就是只隔几个世纪的春秋时代，也有时误解《周易》原文。譬如《周易·随·卦辞》"元亨，利贞"，经我们对《卦爻辞》本身的排比归纳的研究，加以甲骨卜辞的证明，毫无疑问地应该把"元亨"作一读，意思等于"大吉"；"利贞"作一读，"贞"是"卜问"之义（《说文解字》），"利贞"，可以释为有利于占筮或占筮者。但在公元前564年，即《左传》鲁襄公九年，载鲁国的穆姜被迫迁居东宫时，得"艮之随"（由艮卦变成随卦），穆姜便把"元、亨、利、贞"四个字拆开，一个字一个字讲解，说："脑袋是躯体的最高处，亨宴是宾主的盛会，利是义的总和的体现，坚贞信实是作事的骨干。"把"元"读为"狄人归其元""勇士不忘丧其元""元首"的"元"；把"亨"读为"享"，享宴之意；把"贞"解为"坚贞"、"贞信"，都离开原义很远。《十翼》有很多是战国时作品，但也不很理解《卦辞》《爻辞》。以《象传》而论，有的解释等于没解释，简直是交白卷。如《复·六三爻辞》："频复，厉，无咎。"《象传》说："频复之厉，义无咎也。"只是照抄原文，加了三个字，三个字中还有"之""也"两个虚词，这岂不是说了等于没说。这类例子很多。《文言》又把穆姜"元者，善之长也；亨者，嘉之会也；利者，义之和也；贞者，事之干也"等等的话照抄一遍，不是也对"元亨利贞"加以误解么？总之，

《卦辞》《爻辞》的正确解释应在《卦爻辞》本身去求,《十翼》,除《象传》较可参考以外,其余多半是其作者一人之私言,并不完全足以作《周易》经文的正确解说。

孔子读过《周易》,《史记·孔子世家》说他研读《易》,把连缀简册的柔牛皮条都弄断了好多次,可见他研读的勤快。《论语·述而篇》引孔子的话:"五十以学《易》,可以无大过矣。"孔子还说过:"五十而知天命"(《论语·为政》),自和他学《易》有关。还引《周易·恒·九三爻辞》"不恒其德,或承之羞",这句话意思是:"三心二意,翻云覆雨,总有人会招致羞耻。"孔子于是说:这是叫无恒之人不要占卜罢了(《论语·子路》)。由此可见,孔子把《周易》看成一部哲学书,并不曾看成一部占筮书。

汉朝人解释《周易》,离不开"象"和"数"。

"象"有二种,一是卦象,包括卦位,如《左传·昭公五年》叙述鲁叔孙穆子初生时,穆庄叔用《周易》给他占筮,得"明夷䷣(离下坤上)之谦䷎(艮下坤上)。"卜楚邱有这样的话:"离,火也;艮,山也。离为火,火焚山,山败。""离火,艮山",这是卦象。又如《左传·僖公十五年》秦穆公征伐晋惠公,秦国卜徒父筮之,得蛊卦䷑(巽下艮上),说:"蛊之贞,风也;其悔,山也。"内卦(下体)叫贞,外卦(上体)叫悔,这是占筮术语。所谓"贞"和"悔"便是卦位,"山"和"风"便是卦象。"象"的另一意义是爻象,就是阳爻和阴爻所象的事物,可不再举例了。

"数"的意义,一是阴阳数,奇数是阳数,如乾卦"☰"三画为阳卦,坤卦☷六画为阴卦。以爻数论,因为"—"是一画,所以叫阳爻；"--"有二画，所以是阴爻。又以爻位论，以爻的位次论，初爻、第三爻、第五爻，若是阳爻"—"，叫"当位"，二、四、上（六）爻若是阴爻"--"，也"当位"。不然是"不当位"。总之，奇数为阳，偶数为阴；阳位当阳爻，阴位当阴爻，说这是正常（或者"合理"）情况。

这不过是个大概。又有讲"爻辰"的，就是用阳爻和阴爻配合子、丑等十二辰来论断吉凶。还有讲"互体"的，即在六十四别卦中，二到四爻、三到五爻两体相交，各成一卦。讲"象数"的，大体还和《国语》、《左传》所叙相近，讲"互体"、"爻辰"的，便疏远了。

到三国魏末，王弼注释《易》，开"玄学"之风，扫除术数（即上述"象数""互体""爻辰"之类），便把《周易》之为占筮书变为哲学书。宋朝道士陈抟（tuán）又创为"先天"、"后天"、"太极"、《河图》、《洛书》之说，把《周易》变为方士书。还有不少五花八门讲《易》的书，我认为对研究《周易》都价值不大。

《周易》本是占筮书，应该还他本来面目，无妨仍把它看成古代占筮书。这是古人迷信，但我们可以利用它来探讨古人的历史、风俗和古文字以及《周易》经文的历代变化情况。譬如"丧羊、牛于易"的故事，出于殷商祖先王亥，由《周易》得到印证；帝乙归妹，可以和《诗·大明》相证。还有许多故事，如《同人·九三爻辞》"伏戎于莽，升其高陵"、《坎·六三爻辞》"系用徽纆（mò），寘（zhì）于丛棘"、《明夷·九三爻辞》"明夷于南狩，得其大首"、《睽·上九爻辞》"见豕负涂，载鬼一车"、《离·九三爻辞》"不鼓缶而歌"，这些篇章里面，一定都有故事，可惜现今无从究诘。尤其是《益·六四爻辞》"中行告公从"，"中行"究竟是什么意义，郭沫若同志甚至据此把《爻辞》之作推迟到"中行氏"（晋国大族）时代以后，虽然难信，但"中行"的准确意义，至今难定。

研究《周易》的人，成书的，古今不下三、四千人，固然有不少可取之处，但把它全部搞通，至今还没有看到一种比较满意之作。由此足见，其中有许多空白点有待今后填补。好在地下出土材料会日益丰富，现代人的头脑，科学性和逻辑性比古人都强得多，结合甲骨卜辞，钟鼎彝器铭文、秦汉竹简木牍和帛书，定能取得突破前人的成绩。可惜西晋初年由魏襄王墓所得的《易经》二篇，我们已经看不到。我们能看到的是近年从长沙马王堆三号汉墓所出土的帛书《易经》残本，六十四卦卦名和今本相同，而字形不同，如"乾"作"键"、"否"作"妇"，论古音，相近和相同。但八经卦和六十四别卦次第和今本大不一样，可见古代《易经》有几种本子。据《汉书·艺文志》，汉代国学（大学）立博士教授《易》的有施、孟、梁丘三家，民间又流行费、高二家，另外还有《服氏》、《杨氏》、《蔡公》、《韩氏》、《王氏》、《丁氏》、《古五子》各种《易》，各有各的本子和讲法，我们已经无法知其详情，只得存而不论。

《十翼》有少数一部分可以帮助了解《周易》的"经文"，尤其是《彖传》，其次是《象传》。至于《文言》、《系辞》以下诸篇，合于"经文"原意的不多，但无妨认为是某家之言，当做当时一家学说的材料来研究。

现在流行解说《易》的书很多。如《十三经注疏》中的王弼《周易注》，无妨当作魏晋玄学史料来看。当时把《易》、《老子》、《庄子》叫作"三玄"，可见他们对《易》的态度。

唐人李鼎祚有《周易集解》，博采汉魏以来三十五家之说，虽然不完全，一鳞一爪，也可以窥得一斑，借以推测各家的大致情况。

清代焦循研究《周易》一共四十年，其中十多年几乎摒（bǐng）绝人事庆贺哀吊的俗事，专心致志于《周易》通例的研究，成《雕菰（gū）楼易学五书》（《易章句》《通释》《图略》《易话》《易广记》）。王引之恭维他能"凿破混沌，扫除云雾"。但究竟还是破绽时出，没有能达到原来的抱负。焦氏书很有名，但难读，后人能了解它的也极少。

近人杨树达有《周易古义》，1929年中华书局出版。备采三国以前征引《周易》的材料，由此可以知道古人是如何讲解和利用《周易》的。

近人李镜池有《周易探源》，不是从头到尾解释《易经》本书，而是分作若干专题作研究论文。作者于《周易》用功很勤，有些可贵的意见，值得一读。

近人高亨有《周易古经今注》、《周易大传今注》，有正确意见，也有错误说法，无妨用作参考书。

还有一位尚秉和，研究《易经》多年，近年中华书局出版了他的《周易尚氏学》，用《易林》来诠释《周易》，可惜作者虽死在解放后（1870—1950），头脑仍缺乏科学性。《易林》，尚秉和还用旧说题为焦延寿所作，实则此书有汉昭帝、宣帝以后的故事，古人早就怀疑，近人论定他是东汉人所作。以东汉之著作解释《周易》，而且把卦象扩充运用至于无所节制，未必合于《周易》原意。这本书既不是一般人所能读懂，就是费大力读懂它，也未必可信，置之可也。

《诗经》

一、概述

现存《诗经》三百零五篇，不但是中国第一部诗歌总集，也是全世界第一部诗歌总集。它本来只叫《诗》，正和《周易》或《易经》只叫《易》，《尚书》或《书经》只叫《书》，《仪礼》只叫《礼》一样。到后来才改叫它做《诗经》；这也好，可以和诗词歌赋的诗相区别。

诗是什么？《尚书·舜典》说："诗言志，歌永言，声依永，律和声。"《毛诗·大序》说："诗者，志之所之也。在心为志，发言为诗。情动于中，而形于言；言之不足，故嗟叹之；嗟叹之不足，故永歌之；永歌之不足，不知手之舞之、足之蹈之也。"这是古人的诗歌理论。总结起来，诗必须先有真思想、真感情蕴藏在身心中，而不能不发出，这叫做"情动于中"。发出的不能仅是言语，而且要是音乐的言语，甚至有时还情不自禁地手舞足蹈。

《诗经》最早的诗大概在西周初期，根据《尚书·金滕》，《豳风·鸱鸮(chī xiāo)》为周公姬旦所作，或许是《诗经》中最早的作品。最晚的作品，据郑玄《诗谱序》，是《陈风》的《株林》。

陈灵公淫乱事见于《左传》鲁宣公九年、十年（公元前600—前599年）。那么，《诗经》中的诗篇，上起西周，下至春秋中叶，大约包含六个世纪的作品

《诗经》作品所包括的地域，西起陕西和甘肃的一部分，北当河北省的西南角，东到山东省，南到江汉流域，而以黄河流域为主，那是中国文化的摇篮。

三百零五篇的作者，绝大多数已无从考证。但有少数几篇，作者写出了自己的名字，如《小雅·节南山》末章说"家父作诵"，作诵就是作歌。《巷伯篇》末章也说："寺人孟子，作为此诗。"《大雅·嵩高篇》和《烝民篇》末章都说"吉甫作诵"。这都是作者自道，当然可信。还有别的古书说及作者的，那就要分别情况，不能盲从。如《左传》闵公二年叙述狄人灭卫，说"许穆夫人赋《载驰》"，许穆夫人是卫亡后，新立卫侯戴公、文公的姊妹，考之诗文"载驰载驱，归唁卫侯"以及全诗，自然可信。至于《小雅·常棣》之诗，《国语·周语》中引为周文公（即姬旦）之诗，《左传》僖公二十四年则以为召穆公（名虎）所作，《左传》之说或者较为可信。尤其是《周颂·时迈》，《左传》宣公十二年以为武王克商所作，《周语》上祭公谋父以为周公所作，而《后汉书·李固传》注引《韩诗章句》又以为美成王之作，则不晓得谁对谁错了。

二、六义

《毛诗·大序》又说："故诗有六义焉。一曰风，二曰赋，三曰比，四曰兴，五曰雅，六曰颂。"其实，六义包含两类，

一是分类，二是作法，《大序》混为一谈，有它的用意。风、雅、颂是《诗经》的分类，赋、比、兴只是诗的作法。《大序》在"一曰风"下讲赋、比、兴，只是表示风有赋、比、兴三种手法。雅和颂自然也有各种作诗艺术方法，方法不外这三种。

先说分类。《论语》记载孔子的话说："吾自卫返鲁，然后乐正，《雅》、《颂》各得其所。"（《子罕篇》）孔子从卫国回到鲁国，在鲁哀公十一年冬（公元前484年，《左传》有明文），他整理《诗》三百零五篇，大概《国风》未动，只是将《雅》和《颂》混乱的恢复原貌。而恢复的标准，是根据音乐曲谱和理论。孔子是深明乐理而且迷于古乐的人，他在齐国听到《韶》的乐曲，居然三个月不晓得肉的味道。这里顺便插上几句，司马迁在《史记·孔子世家》中说，古诗原有三千多篇，孔子删汰十分之九强，只存三百零五篇。这么说来，今日的《诗经》，是孔子的选本。但司马迁这话，我们有充足的理由和证据足以判定是不可信的。从上引"然后乐正"看来，今天的《诗经》，只是孔子的整理本。

风、雅、颂的分类，从"乐正"两字看，主要是乐调不同，或者内容也有所不同。

《风》，又叫《国风》，一共有十五国风。《风》本是乐曲的通名，《大雅·嵩高》末句说"其风肆好，以赠申伯"。"肆好"就是极好。《左传》成公九年有"乐操土风"，就是说钟仪弹琴弹的是楚本国的乐曲。《左传》襄公十八年又有"北风"和"南风"，相当于近代所谓北曲和南曲。十五国风并不是十五个国家的乐曲，而只是十几个地区的乐曲。《周南》和《召南》，周、召不是国名，《邶风》、《鄘风》、《卫风》只是卫国的歌曲；《王风》和《豳风》，是洛阳和陕西旬邑、彬县一带的乐曲。各地的乐曲有所不同，例如孔子不喜欢郑国的乐曲，说"郑声淫"（《论语·卫灵公》），大概郑国乐曲多是靡靡之音罢，可是吴季札听到郑国歌曲，还说"美哉"（见《左传》襄公二十九年）。虽然各地区的歌曲不同，听者的感受也不一样，但都代表当时当地的乐曲，有浓厚的地方情调则是一致的。从内容上说，《国风》一般为民间歌曲，作者有民间歌手，也有个别贵族，如《载驰》便是许穆夫人所作。《国风》共有诗一百六十篇。

《雅》的乐曲可能和《风》大不相同，所以《风》和《雅》没有混淆的事。《雅》一般是士大夫所作，也偶有民间诗人之作，有赞颂好人好政的，也有很多讽刺坏政坏人的。有人说，《雅》和夏字相通，夏是西周王畿之称，所以《雅》都是西周王畿的诗。但是，《秦风》也作于西周王畿旧地，何以不名曰夏？我认为雅诗和《论语》的"雅言"（《述而篇》）"雅乐"（《阳货篇》）的"雅"相同。统一的、通行的语言叫雅言，典雅的乐曲叫雅乐。《雅》的曲调不是地方性的曲调，而是人人能欣赏的典雅的曲调。《雅》有《大雅》、《小雅》之分，《大雅》全是有关政治的诗或史诗，小雅也基本上是政治诗，虽然有几篇是表达个人喜乐或怨恨的诗，但是没有男女间的情诗。《小雅》七十四篇，《大雅》三十一篇，一共一百零五篇。

《颂》有《周颂》、《鲁颂》和《商颂》。《颂》不但是"美盛德之形容，以其成功告于神明"的祭祀歌，而且还要配以舞蹈。《周颂》三十一篇，都是西周作品，可能多作于昭王、穆王以前。《鲁颂》四篇，可能都是鲁僖公时作品。《商颂》是春秋前宋国的作品，据《国语·鲁语》下宋戴、武、宣三公的大臣正考父，也是孔子的祖先，曾经献商之名颂十二篇于周太师。可是只存五篇。

现在再谈赋、比、兴。赋是直陈其事，如《卫风》的《氓》，用一位妇女的口吻，不加掩饰地叙述她和一个男子从恋爱、结婚到被抛弃的始末。比是比方，有全诗用比方的，如《鸱鸮》。全诗通过鸟语，把自己比为大鸟，把"鬻子"比作应该受保护者，比敌人为猫头鹰（鸱鸮）。也有部分用比者，如《鄘风·相鼠》，把无礼义廉耻的比成老鼠都不如。"相鼠有皮，人而无仪！人而无仪，不死何为？"仪为义的借字。看鼠尚有皮，作为人却没有义。诗中用兴的地方比较多。《关雎》便是兴诗。诗人看见鱼鹰成双成对地在河中洲上叫，联想到自己应该找一个"窈窕淑女"作为匹配。

三、毛诗序

西汉初期，传授《诗经》的有四派，解说各不相同。立于学官的，就是在国立大学立博士讲授的有三派，一为鲁国人申公，一为齐国人辕固，一为燕国人韩婴。可是这三家的著作，除《韩诗外传》以外，都已不存，只有零星字句可寻。清人陈乔枞（cōng）有《三家诗遗说考》，王先谦有《三家诗义集疏》。毛诗，据说是大毛公毛亨、小毛公毛苌所传。现存的毛《传》，《四库全书总目提要》定为毛亨作。后汉末大学者郑玄又为它作《笺》，唐初孔颖达又因郑笺作《正义》，就是今天的《毛诗注疏》。

毛《诗》每篇诗有解题，叫做《小序》，说明每篇诗的作意。《诗序》究竟是谁作的呢？众说纷纭。有人说是子夏作，自然不可信。王安石以为诗人自制，程颐说是国史旧文，都是瞎猜；还有说是毛公作的，未必可靠。《后汉书·儒林传》说："卫宏，字敬仲。初，九江谢曼卿善《毛诗》，宏从受学，故作《毛诗序》，善得《风》《雅》之旨，于今传于世。"因此很多人相信这话。但我有一个疑问，班固的《汉书·艺文志》抄自刘向、刘歆的《七略》，其诗目录说："《诗》，经二十八卷，鲁、齐、韩三家。"又"《毛诗》二十九卷"，《毛诗》比三家多一卷，后人说，多的这一卷便是《诗序》。假若这话可信，在西汉末《诗序》已经存在，而卫宏是东汉光武帝时人，刘歆怎会看到呢？《诗序》不管是谁的手笔，除少数几篇有根据的以外，绝大多数不可信，但对后人影响却不可以小估。《昭明文选·序》说，"《关雎》《麟趾》，正始之道著"，就是用的《诗序》："然则《关雎》、《麟趾》之化，王者之风。""《周南》《召南》，正始之道，王化之基"。《世说新语·言语篇》叙温峤初到江南，拜会王丞相，有《黍离》之痛，也是用诗序"《黍离》，闵宗周也"那一段话。不但用典用《诗序》的解释，甚至自己作诗也受《诗序》的影响。《唐诗三百首》有朱庆余一首七绝："洞房昨夜停红烛，待晓堂前拜舅姑。妆罢低声问夫婿：'画眉深浅入时无？'"若不是诗人自题为"近试上张水部"，还以为是一首新嫁娘诗哩。阮籍的《咏怀诗》，因为怕闯祸，故意写得隐晦，大有可能受《诗序》的影响。就是李商隐的无题诗，究竟是不是爱情诗，至今还议论不定，更是《诗序》的作俑。所以《诗序》虽然绝大多数不可信，但对后人的影响却不可低估。

四、诗的古今作用

《论语·阳货篇》曾载孔子的话："小子何莫学夫诗？诗，可以兴，可以观，可以群，可以怨。迩之事父，远之事君。多识于鸟兽草木之名。"孔子认为研究《诗经》，可以培养联想力，可以提高观察力，可以锻炼合群性，可以学得讽刺方法。又可以运用其中道理来侍奉父母，又可用来服事君上；而且可多多认识鸟兽草木的名称。《诗经》中兴诗很多，所以说可以兴。《诗》多是从各方面搜集而来，由此上可以考西周以来的社会和历史，下可以了解上下五百多年的人民好恶和人情风俗，所以说可以观。《诗经》是有作者姓名或无姓名的作品集，从中足以了解各种各类各时各地人的心情，所以说可以群。《诗经》更多讽刺诗，怨恨诗，自然能学到婉转的或者直率的怨恨甚至诅咒的方式。有孝子思念父母的诗，也有父母怀想儿子的诗，所以说"迩之事父"；更有臣下歌颂或者讽刺君上的诗，所以说"远之事君"。鸟兽草木之名多得很，在当时，可以说是动植物名称的集锦，自然能增长动物植物知识。就个人而言，孔子认为研究《诗》的益处真多。

在当时，《诗》还有政治上的实用价值。《论语·子路篇》又记载孔子的话："诵《诗》三百，授之以政，不达；使于四方，不能专对。虽多，亦奚以为？"这话是说，"熟读《诗》三百篇，交给他以政治任务，却办不通；叫他出使外国，又不能独立地谈判酬酢。纵是读得多，有什么用处？"春秋鲁定公以前，各国间君臣相见，一般不把想说的话直接说出，而用歌《诗》或者奏《诗》来代表言语。这就不仅要自己熟悉诗句，而且要能懂得对方所赋《诗》的用意。定公四年《左传》载申包胥到秦国求救兵，用来驱逐占领楚国的吴国军队，七天日夜靠着庭院墙根哭泣，秦哀公因此赋《无衣》，表示愿意出兵。申包胥这才"九顿首而坐"。也有赋《诗》不恰当的，受者只好装糊涂。如《左传》文公四年载卫国宁武子（名俞）来鲁国聘问，鲁文公在筵席上为他赋《湛露》和《彤弓》，宁武子既不开口，又不赋诗作答。于是文公派人以私人身份问他，他说，我以为你们是在演习哩。《湛露》是天子宴请诸侯的诗，《彤弓》是诸侯为天子征伐有功，天子赐给他的诗，我怎敢当！当然，《诗经》就是有三百多篇，有些还不能用其本义，只得曲解。但这种曲解是当时人都能心知其意的。例如《左传》昭公十六年，郑国六位大臣给晋国韩起饯行，各人赋《诗》一首，那六首都在《郑风》中，《野有蔓草》、《羔裘》、《褰裳》、《风雨》、《有女同车》、《蘀（tuò）兮》，都是断章取义，韩起又都明白各人的心思，一一有答复，又答赋《我将》，表示自己要"日靖四方""于时保之"来保护小国。子产先拜，命令五卿都拜，说"吾子靖乱，敢不拜德"。到战国，外交坛坫（diàn）上便没有赋诗的事，因为战乱纷纭，时移事变，纵横之说起，《诗经》三百余篇不足以代替语言了。

现在研究《诗经》的目的便大不与古同。首先，诗是有韵脚的歌（除小部分《周颂》以外），但是经历二千几百年，言语变动很大，古人押韵，现在有时不押韵了。明朝人因此认为古今音有不同，清人大多根据《诗经》的韵脚来考察古代元音的分部，做出很大成绩。其次，两周史料，尤其是西周史料，极为缺乏。虽然有青铜器铭文，仍然大嫌不够。《尚书》

的《周书》也有限，许多人在《诗经》中考察古代社会，用来和其他史料配合，也有一定成绩。《诗经》究竟是一部文学书，应该重视它的文学价值。《诗经》以前究竟有无歌曲，可能也有，但古书记载而流传的，多半出于后人依托。如《史记·伯夷列传》所载的《采薇歌》："登彼西山兮，采其薇矣。以暴易暴兮，不知其非矣。"

先秦文学和《礼记·檀弓》

一、先秦文学概观

先秦文学，根据南朝梁昭明太子萧统所编的《文选》，仅有《楚辞》中的屈原、宋玉的骚体以及宋玉其他作品和李斯的《上书秦始皇》(即《谏逐客书》)入选。萧统认为"经"书他不敢"剪裁"，史书又"方之篇翰，亦已不同"，诸子则"以立意为宗，不以能文为本"，因之都不入选。这样，所选先秦作品寥寥可数，文学范畴未免太狭窄。

《左传·襄公二十五年》引孔子的话："言之无文，行而不远。"若由此推理，流传久远的作品，虽然未必尽是文学作品，但不少是有文学价值的。和《楚辞》相照应而作于屈原以前的《诗三百篇》，基本上应该纳入文学范畴。未尝不可以说，《三百篇》是西周以至春秋，基本上是江汉以北的乐诗，《楚辞》则是战国时江汉以南的别出一格的骚赋。两者不同源，后代也异流，都成为中国纯文学中的瑰宝。

萧统把经、史、子和文学区别开来，从今天看，未必是科学的。韩愈作《进学解》，他便把经、史、子和扬雄、司马相如等量齐观，都作为他做文章的范品和源泉，早把文学范畴扩展了。所以我们谈先秦文学不能撇开经、史、子。

"经"书内容复杂，《易》的《卦辞》和《爻辞》，只是占筮的书，是西周初年的作品；《尚书》内容庞杂，简略地说，除伪古文之外，可说是古代文献汇编。这两种自当别论。《三礼》（《周礼》、《仪礼》、《礼记》），除《礼记》中若干篇章外，《仪礼》和《周礼》文学价值不大。《三传》中的《公羊传》和《穀梁传》不能算是先秦书，惟《春秋左氏传》，既是最早的编年史，又兼有很高的文学价值，为历代散文家的示范品。《礼记》中的《檀弓》也有些富于艺术性的小品叙事文。

《国语》是一部国别史，所叙事基本上同于《左传》，但文学价值大不如《左传》，有时写得臃肿拖沓，使人生厌。《战国策》也可以说是国别史，虽然司马迁作《史记》曾经用过它一百零五条的材料，但可信程度如何，还待认真研究评定。然而它的文学价值却高出《国语》。它基本上是记载纵横家说辞的书。纵横家富于机智，善于诡辩，而又文采绚烂，巧喻连犿(huān)，足以打动人心。宋代苏洵很得力于这书，苏轼也曾模仿过。

诸子固然"以立意为宗"，也不能不讲究文辞，不过有工拙的不同罢了。《墨子》失之板滞，可以不论。《论语》，西汉人便视同诸子，只是记载孔子和他门弟子片言只语的居多，偶然有较长的叙事小文，如《阳货篇》的"阳货欲见孔子"，《微子篇》的"楚狂接舆"、"长沮桀溺耦而耕"、"子路从而后"诸章，都是很简洁生动的小品。战国两大儒家，孟子和荀子都有著作完整地流传至今。以学术功绩论，荀大于孟，汪中《述学·荀卿子通论》已有论述。以影响论，则孟大于荀。比较两书，《荀子》理胜于文，《孟子》则文胜于理。孟子说他善养他的浩然之气，他的文章便气势磅礴。同别人辩论，与其说是以理服人，不如说是以气势压人。后来不少文艺理论家和评论家如曹丕在《典论·论文》中、刘勰在《文心雕龙·养气》中都把"气"提到很高地位。苏辙《上枢密韩太尉书》说："孟子曰：'我善养吾浩然之气。'今观其文，宽厚弘博，充乎天地之间，称其气之小大。"便是加以肯定和赞许。战国晚期直到秦，《吕氏春秋》和《韩非子》中都有不少好文章。而《庄子》的文章尤为特出。庄周看不惯当时现象，他要破坏圣人偶象，甚至说"圣人不死，大盗不止"（《胠箧（qū qiè）篇》），自然反对礼教，因对黑暗现实加以揭露，在庄子思想中这是有积极意义的。但总的说来，他有一个超脱时间和空间的精神幻境，他要求"无待"的绝对自由，追求排除相对的绝对平等，然而那种境界是不存在的，那种要求或追求是不现实的，难以用一般道理说深说透，便以汪洋恣纵、千奇百态、滑稽突梯、嬉笑怒骂的文章从多方面表达他非一般言语所能说出的思想境界。辩论文字达到高峰，是极难学到的。苏轼的《志林》有人说是学《战国策》，我却认为是学《庄子》，可以说得其仿佛。东坡一生屡遭挫折，幸而学取到庄子的达观，就是贬谪到海南岛，也能自得其乐。我认为，只要不受《庄子》思想消极面的影响，《庄子》的文章是值得欣赏的。

先秦的作品距离今天多则三千有余年（如《尚书》中《周书》的一部分和《诗经》中《周颂》和《大雅》一部分），短也二千多年，声音、文字变化很大，词汇也有新陈代谢和发展，语法自然也有同有异。至于修辞，更各具特色。尤其是礼仪、风俗，古今大不相同；古人认为极平常的事，今日看来似乎有些奇怪。由于这种种原因，今日青年把读古书，尤其是先秦之书，视为畏途。其实，先秦书也有难有易。《孟子》便较容易，《战国策》也不很难。纵是艰难的，一般有各种参考书甚至译注本，由此入手，崎岖的山路也可以变为平直的大道。

由于古今声音的不同，古人喜欢用这一同音字代替那一同音字，甚至声音相近的字也可以互相通用，其实是古人写别字，却叫做"假借"，因之学点古音韵学是有好处的。古人字义词义也和今天大不一样，古人用词不但义有引申，而且有代替，如以"木"代木制品，多指棺椁之类，如《左传·僖公二十三年》季隗的话："我二十五年矣，又如是而嫁，则就木焉"；又如《孟子·公孙丑下》"木若以美然"都是。因之学点训诂学和修辞学也是有好处的。有些关于古文的注释只说这词这句怎么讲解，却未必说出为什么这样讲解。有关这类知识，不但知其然，而且可以知其所以然，甚至于可以判断注释的正误。

二、先秦叙事短文的上乘之作——《礼记·檀弓》

以上把先秦文学概貌勾勒了一下，下面谈谈"经书"中的"礼书"。"三礼"由于是记载古礼的书籍，一般说来，文学价值不高，但也不能一概而论，比如，《礼记》之中就有一些很好的叙事短文，只是常常被人们所忽略。我翻阅了一些流行的讲文学史的书籍，也翻阅了若干古文选本，除《古文观止》极少数书外，很少选有《礼记》(以前的选本偶然选出《礼记·礼运》"大道之行也"一段)，更少选有《礼记·檀弓》。我认为，先秦叙事短文，以《檀弓》为上乘，正如长篇叙事文以《左传》为高一样。檀弓是鲁国人，懂礼仪，因此其作品也叫《檀弓》。我们不必论古礼的是非，但无妨欣赏其叙事方法。现在选几段以供大家欣赏。

（一）晋献公节：

> 晋献公将杀其世子申生。公子重耳谓之曰："子盍言子之志于公乎？"世子曰："不可；君安骊姬，——是我伤公之心也。"曰："然则盍行乎？"世子曰："不可；君谓我欲弑君也，天下岂有无父之国哉？吾何行如之？"使人辞于狐突曰："申生有罪，不念伯氏之言也，以至于死。申生不敢爱其死。虽然，吾君老矣，子少，国家多难。伯氏不出而图吾君——伯氏苟出而图吾君，申生受赐而死。"再拜稽首乃卒。是以为恭世子也。

这百多字短文，活画出一位宁肯自杀而关心国家的恭顺太子。事情的原委是这样：申生本是晋献公太子（即"世子"），晋献公晚年宠爱骊姬，骊姬便诬陷申生说他企图毒死君父。重耳是申生异母弟，先劝他表白剖析，申生不肯。又劝他逃亡，也不肯。自杀前，使人向其傅狐突告别，希望他关心国家。在此前，狐突曾劝申生出走，所以申生说"不念伯氏之言"。

文章的"盍"即"盇"，"何不"的合音字。"盍言"、"盍行"即"何不言"、"何不行"。"爱其死"的"爱"，吝惜也。这一段文章，《左传·僖公四年》也有，但没有辞于狐突一段。现把内容相同的录于下，以资比较：

> 或谓大子："子辞，君必辩焉。"大子曰："君非姬氏，居不安，食不饱。我辞，姬必有罪。君老矣，吾又不乐。"

曰:"子其行乎?"大子曰:"君实不察其罪,被此名也以出,人谁纳我?"十二月戊申,缢于新城。

两相比较,(一)太子答复剖析的劝告,《左传》用字二十三,《檀弓》用字十三,少于《左传》十字。而且《左传》"君非姬氏,居不安,食不饱"用字十,《檀弓》仅用"君安骊姬"四字,只有《左传》的五分之二,而所指不仅"居"和"食",包涵一切生活和心理状态。《左传》已精练,《檀弓》更加简赅。(二)太子答复逃走的话,《左传》作:"君实不察其罪,被此名也以出,人谁纳我?"完全从自己的角度考察。《檀弓》作:"君谓我欲弑君也,天下岂有无父之国哉,吾何行如之?"便得体而堂皇。

(二)曾子寝疾病节(又作"曾子易箦"):

> 曾子寝疾病,乐正子春坐于床下,曾元、曾申坐于足,童子隅坐而执烛。童子曰:"华而睆(huǎn),大夫之箦(zé)与?"子春曰:"止!"曾子闻之,瞿然曰:"呼!"曰:"华而睆,大夫之箦与?"曾子曰:"然;斯季孙之赐也,我未之能易也。——元!起易箦!"曾元曰:"夫子之病革矣,不可以变,幸而至于旦,请敬易之。"曾子曰:"尔之爱我也不如彼。君子之爱人也以德,细人之爱人也以姑息。吾何求哉?吾得正而毙焉斯已矣。"举,扶而易之。反席,未安而没。

曾子病危卧床,学生乐正子春在床下坐着,两个儿子坐在病人脚边,一个童子拿着火把(古代的烛)坐在犄角。古代礼,士不能死在大夫用的席上,曾子所睡的竹席华丽而光滑,童子便提出疑问。子春禁止他再说,可是童子因为曾子吁了一声,又说一遍。曾参说:"对。这是季孙送的,我没有能够换掉它。"

便叫曾元起来换席。曾元答说："您病得很厉害，目前不能动，到明早，我们好好换掉。"曾参说："君子以德爱人，小人以苟且偷安爱人。我只要不违礼而死便够了。"自己努力爬起，大家扶他起来，换了席子，仍然睡下，没睡好便去世了。

这段小品，只叙情况和言语，没有作者的描写，而曾参父子、学生、童子的神态和心情栩栩如生。子春只一个"止"字，曾参只惊骇地说一个"呼"字，便表示他虽没听明白童子的话，却感触到是讲竹席。童子的遵循礼节胜于学生和儿子，终于使曾参"得正"而终。

（三）子夏丧子节：

> 子夏丧其子而丧其明，曾子吊之，曰："吾闻之也，朋友丧明，则哭之。"曾子哭，子夏亦哭，曰："天乎！予之无罪也——"曾子怒曰："商！女何无罪也？吾与女事夫子于洙泗之间，退而老于西河之上，使西河之民疑女于夫子，尔罪一也。丧尔亲，使民未有闻焉，尔罪二也。丧尔子，丧尔明，尔罪三也。而曰'——'，女何无罪与？"子夏投其杖而拜曰："吾过矣，吾过矣。吾离群而索居，亦已久矣。"

这一段写曾参发怒的神态，仅从其言语缓急便足以了解。子夏死了儿子便瞎了眼睛，依古礼，朋友失明便去哭。子夏也哭，却喊天呼冤，曾子不等他说完，便抢着骂他，而且越骂越有气，越有气自然说得越急越快，以至于不把话说圆通。何以知道呢？他首先直呼子夏之名"商"，这于古礼是很不客气的，数他第一罪，话较和缓，从"吾与女"到"于夫子"共用字二十九；数第二罪，只用九个字；数第三罪少到六个字，可见他越说越急。最后应该说"而曰'女无罪'，女何无罪与？"

又把'女无罪'三字没说出，尤其可见曾参怒得连话都说不全了。又怎样知他是抢着子夏的话来责备呢？因为子夏说"予之无罪也"是一句没有说完的话。"予无罪也"是完整句，语法和意义都是明白的。若在主语和谓语之间加一"之"字便不是独立的句子而是分句（复合句的一部分）。譬如"花好"是一句，若说"花之好"便不成句。"予之无罪也"不成句，自有下文，"因曾子怒曰"，子夏便不能说下去，由此足知曾参是抢着说的。作者对这些"不着一字"，读者自可以默会神领，得其"风流"。

（四）孔子蚤作节：

> 孔子蚤作，负手曳杖消摇于门，歌曰："泰山其颓乎！梁木其坏乎！哲人其萎乎！"既歌而入，当户而坐。子贡闻之，曰："泰山其颓，则吾将安仰？梁木其坏，哲人其萎，则吾将安放？夫子殆将病也。"遂趋而入。夫子曰："赐！尔来何迟也！"

孔子清早起来便在门口闲散歌唱，唱完，又当室门而坐，那是他希望有人来，而且焦急地盼望人来。子贡听到歌声，仅仅说了几句话，便"趋而入"，可说很快了，而孔子还责他"尔来何迟也"。作者不写孔子的孤独感，而其神情自然流露。

《檀弓》的短文中，小故事仅占极小部分，无不精练有致。就是其他叙说仪节部分，也简短明白。《世说新语》有很多这类小品，只是时代不同，语言变化，其行文的精约有神，读者比较容易体会。从两者都可以看出各个时代的精神。一个雅淡隽永，尚清谈，宗玄学；一个惜墨如金，讲仪节，重实践。可惜后人喜爱《世说新语》的多，讨论《檀弓》的少，是由于时代相去更远，古礼早已被抛弃的缘故罢。古礼虽然早被抛弃，而《檀弓》文章的优美还是应该列入先秦文学范围的，因此略加介绍。

《春秋》

一、《春秋》的名义

"春秋"是各国国史的通名，如《国语·晋语七》说："羊舌肸（xī）习于《春秋》"，意思就是羊舌肸（又叫叔向）这个人，熟习各国史书。《楚语上》也说"教之《春秋》"，就是说，对太子，用史书教授他。《墨子·明鬼篇》有"周之《春秋》"、"燕之《春秋》"、"宋之《春秋》"、"齐之《春秋》"，就是指周朝、燕、宋、齐诸国都有史书，墨子曾读过。

《春秋》又是鲁国史书的专名。各国史书有专名的，如晋国史书叫《乘》，楚国史书叫《梼杌（táo wù）》（见《孟子·离娄下》）。鲁国史书专名《春秋》，所以《左传·昭公二年》叙述晋平公派遣韩宣子（起）出使鲁国，看到《易》、《象》和《鲁春秋》。不过韩起所看到的《鲁春秋》，一定是从周公姬旦叙起，才能说："吾乃今知周公之德与周之所以王也。"而现存的《春秋》，才从鲁隐公叙起。隐公父亲惠公以上的鲁国历史原始记载已经完全亡佚。

至迟自西周起，就有太史记载国家大事，在每一季的开始，一般要写"春"到"冬"四季的季节。但古人重视春季和秋季，因此把国史记载叫作"春秋"，这可能是"春秋"作为史书名的来由罢。

现在，自秦以上，除鲁国的《春秋》还较完整地存在外，若把《尚书》中的若干篇文献不算，不用说西周、东周，就连春秋、战国的各种史书（《战国策》很难说是史书），都不存在了。西晋初在魏襄王墓中所发现的晋国、魏国史书，后人取名叫"竹书纪年"的，今天也只存在一个拼凑起来的残本。

现存《春秋》，从鲁隐公记述到鲁哀公，历十二代君主，计二百四十四年（依《公羊传》和《穀梁传》载至哀公十四年止，为二百四十二年，《左氏》经多二年），它基本上是鲁国史书的原文。

二、《春秋》作者

《公羊传》、《穀梁传》都在襄公二十一年十一月写"庚子，孔子生"，《左氏》经虽然没有这一条，但于哀公十六年写"夏四月己丑，孔丘卒"，可以想象《春秋》和孔丘有一定关系。但孔丘不可能写自己某日死，也不会写自己某日生，这一"生"一"卒"，自然不会是孔丘自己笔墨。却自《左传》作者以来，都说《春秋》是孔丘所修，《公羊传》甚至说有未曾经过孔丘修改的原本《春秋》，叫"不修春秋"；现今的《春秋》，则是经过孔丘所修改过的。孟子甚至说，《春秋》是孔丘著作的。这些都是不可凭信的推测之辞。

我们研究《春秋》本身，发现它前后笔调不一致，可以说是体例不纯罢，略举下列几点作为例证。

（一）在隐公和桓公时，若不是鲁国卿大夫，无论国际盟会或者统军作战，都不写外国卿大夫的姓名。到庄公二十二年，《春秋》才写"及齐高傒（xī）盟于防"，这是和外国卿大夫结盟写出外国卿大夫姓名的开始。文公八年春写"公子遂会晋赵盾，盟于衡雍"，这是盟会鲁国和外国的卿大夫都写出姓名的开始。

（二）隐公、桓公、庄公、闵公四公时，外国卿大夫统军出外征伐，都只称"某人（即某国人）"，如隐公二年："郑人伐卫"。到僖公十五年，才写"公孙敖（鲁之孟穆伯）帅师及诸侯之大夫救徐"。写"诸侯之大夫"，还不写出大夫的姓名；到文公三年，才写"晋阳处父帅师伐楚以救江"，写明了外国统帅姓名；到宣公六年才写"晋赵盾、卫孙免侵陈"，两国率领军队之卿大夫都写出。直到成公二年，鲁国及各国统帅都历历写出："季孙行父、臧孙许、叔孙侨如、公孙婴齐（四人皆鲁卿大夫）帅师会晋郤克。卫孙良夫、曹公子首及齐侯战于鞌（ān），齐师败绩"，各国统军之官都一一写明。

（三）在僖公以前，《春秋》多称某国君为某人，不称某侯。如隐公十年："翚（公子翚（huī），鲁卿大夫）帅师会齐人、郑人伐宋。"从传文，经所谓"齐人"，实是齐僖公；"郑人"，实是郑庄公，但不书"齐侯"、"郑伯"。僖公以后，仅秦、楚两国之君有时称"秦人"、"楚人"。宣公五年以后，就是秦、楚两国之君也不称"人"，而称"秦伯"、"楚子"。

这类例子还很多，这是古人所谓"书法"。书法的意义何在？前人说孔丘意在"寓褒贬，别善恶"；但深入研究，并不如此。只是因为时代推移，形势变动，太史有死者，有继承者，因此各不相同而已。

古本《竹书纪年》，是晋国、魏国的历史文献，西晋的杜预亲自看见刚出土的竹简，在其《春秋左传集解后序》中说："其《纪年篇》……大似《春秋经》。"唐代刘知几也看到这书，在《史通·惑经篇》中也说："《竹书纪年》，其所记事，皆与《鲁春秋》同。"就《公羊传》和《穀梁传》以及董仲舒《春秋繁露·深察名号篇》所极度推崇的僖公十六年《春秋》的"陨（《公羊》作"霣"，同）石于宋五"的一条说，不过记载那天宋国有陨星，落下五块石头罢了。这种措辞构句没有什么奇怪，而《公羊传》等却越说越离奇，董仲舒认为这是"君子于其言，无所苟而已"（本孔丘语，见《论语·子路篇》）。其实，根据《史通·惑经篇》所引《竹书纪年》，也是"陨石于宋五"。可见这是宋国的天象，宋国把它通报诸侯，各国史官记了下来，何尝是孔丘的笔墨？《礼记·坊记》曾经两三次引用《鲁春秋》，就是《公羊传》所谓"不修春秋"，也和今天的《春秋》基本相同。因此，我们认为下列诸人的说法是正确的：

孔颖达《左传正义》说：

> 推寻经文，自庄公以上弑君者皆不书氏，闵公以下皆书氏，亦足以明时史之同异，非仲尼所皆贬也。

宋郑樵《春秋考·自述》说：

> 按《春秋》之经，则鲁史记也。

他还说：

> 以《春秋》为褒贬者，乱《春秋》者也。

刘克庄说：

> 《春秋》，史克之旧文也。

清人袁谷芳《春秋书法论》说：

> 《春秋》者，鲁史也。鲁史氏书之，孔子录而藏之，
> 以传信于后世者也。

石韫玉《独学庐初稿·春秋论》也说：

> 《春秋》者，鲁史之旧文也。《春秋》总十二公之事，
> 历二百四十年之久，秉笔而书者必更数十人。此数十人者，
> 家自为师，人自为学，则其书法，岂能尽同？

那么，《春秋》和孔丘究竟有什么关系呢？我认为，孔子教学生，
不能不教他们的近代和现代史，《春秋》一书，孔子不过曾用
它作过教本罢了。《春秋》本是鲁国官书，由此传到民间，由
孔门弟子传述下来，孔门弟子或者加上孔子生的年月日，或
者加上孔子死的年月日，以此作为纪念而已。

三、对《春秋》的评价

《春秋》这书，今天如何评价？

第一，它既是鲁国史官所记当时之大事，必然基本上是
可信的。我们从所记日蚀和其他天象可以得到证实。《春秋》
记载日蚀三十六次，而襄公二十一年九月初一、十月初一的
一连两次日蚀，又二十四年七月初一、八月初一的两次日蚀；
相连两月初一而日蚀，前人叫做"比食"，虽然并非没有这种
可能，但在同一地两次日蚀都能见到，却没有可能性。尤其
在前一次是全蚀或环蚀之后，绝不能于下月初一又发生日蚀。
因之襄公二十一年十月初一的日蚀可能是误认或者误记；襄
公二十四年八月的日蚀可能是错简（好比今天的书页次序装

订错乱了）。除这两次而外，实记载三十四次，而三十三次据现代较精密的科学方法追算，是可靠的。这是古人所不能伪造的。

又譬如庄公七年记载"星陨如雨"，这是公元前687年3月16日所发生的天琴星座流星雨记事，而且是世界上最早的一次记载。不是当时人看到，当时史官加以记载，谁也不能假造。还有文公十四年的"秋七月，有星孛（bèi）入于北斗"，这是世界上对哈雷彗星的最早记录，也是无法假造的。

另外，上文已经说明，《春秋》的记事，和《竹书纪年》（古本，即汲冢本）可以互相印证。尤其是关于春秋时代一段，书法也相同。而且，从出土不少青铜器铭文中和若干古文物中，也足以证明《春秋》的可信。如隐公二年"无骇（鲁国卿）帅师入极"，极国就是金文中"遽"；又如隐公四年"莒人伐杞"，清光绪年间，在山东新泰县出土杞伯器多种，因之可以推定春秋前杞国国都所在；又如隐公五年"卫师入郕"，从古青铜器和泉（钱币）文中知道郕国古本作"成"，后来才加"邑"（"阝"）旁写作"郕"。文公元年："楚世子商臣弑其君頵"，今传世青铜器有楚王頵钟，铭文云："楚王頵自作铃钟"，足证楚成王名頵。又如襄公十七年"邾子牼（kēng）卒"，邾子牼即邾宣公，名"牼"，可是《公羊》《穀梁》"牼"皆作"瞯"，而端方《陶斋吉金录》有邾公牼钟四器，可证《左氏》经正确。这些仅仅是少数例子，已足以证明《春秋》是可信史料。

第二，《春秋》所记，是二百四十多年的春秋各国大事，目前所存全文，不过一万六千多字，但据曹魏时的张晏和晚唐时人徐彦引《春秋说》，都说是一万八千字（张说见《史记·太史公自序·集解》引，徐说见《公羊传·昭公十二年疏》引），可见《春秋》原文，从三国以后脱漏了一千多字，很多大事漏记。再以日蚀而论，春秋二百四十二年间，鲁都曲阜可以见到的日蚀在六十次以上，《春秋》仅记载了一半，另外一半或者失载，或者脱落了。《春秋》载鲁国女公子出嫁的仅七次，难道在十二代君主中，一共只有七个女孩出嫁？而且宣公十六年有"郯伯姬来归"，成公五年又有"杞叔姬来归"，这两位女公子，只记载她们被男方抛弃回娘家，却未记载她们的出嫁，又是什么缘故呢？又如郯国在哀公三年时早已属鲁所有，《左传》和《公羊传》、《穀梁传》都说《春秋经》条例之一是"重地"（见《公羊传·襄公二十一年》和《左传·昭公三十一年》），为什么鲁兼并郯国土地却不记载呢？漏记情况还不少。拿今天辑本《竹书纪年》和《春秋》比较，就有若干条为《春秋》所应有而未有，是脱落，还是失载，就难说了。

第三，《春秋》是粗线条的笔墨。譬如宣公二年《春秋》"秋九月乙丑（二十六日）晋赵盾弑其君夷皋"。其实，杀晋灵公（名夷皋）的不是赵盾，而是赵穿，赵盾可能是指使者，也可能不是。其中有一段曲折，《左传》有详细叙述。若没有《左传》，谁知道其中底蕴？又如庄公二十六年《经》，"曹杀其大夫"；僖公二十五年《经》，"宋杀其大夫"，两条《春秋》都没有《传》来说明，究竟杀人者是君是臣，被杀者又是谁，为什么被杀，怎样被杀的，从《春秋》经文仅仅五个字中，谁也看不出。杜预也不懂，只得说"其事则未闻"。王安石讥讽《春秋》是"断烂朝报"（见苏辙《春秋集解·自序》），很可能就是对《春秋》残缺的不满意。

《春秋》本有自己的单行本，其后和各种传文按年合并，先经后传，即《春秋公羊传》、《春秋穀梁传》和《春秋左氏传》。三种《传》的《春秋经》文字基本上相同，也有一些差异，等下面讲《三传》时，再具体论述。

《左传》

一、《左传》的传授过程

前一章讲到《春秋》一书。因为《春秋》叙一件事，只是寥寥几个字，很不容易了解，于是后人有给它作解说的"传"。根据《汉书·艺文志》，解说《春秋》的"传"有五家：

（一）《左氏传》三十卷

（二）《公羊传》十一卷

（三）《穀梁传》十一卷

（四）《邹氏传》十一卷

（五）《夹氏传》十一卷

但《汉书·艺文志》又说："邹氏无师"，就是没有人为它传授下来。又说："夹氏未有书"，连成文的课本都没有。因此，现在所存的只有《左氏传》、《公羊传》和《穀梁传》三种。

《左氏传》简称《左传》。古代《春秋》和"三传"（即左、公、穀）本"各自单行"，就是《春秋》是一种书，《左氏》《公羊》《穀梁》三传各自单独成书。《左传》不附《春秋》"经"文，是肯定的。到后来，《春秋》经文按年分别写在《左氏传》文每年之前，成了目前这种本子。

《左氏传》成于战国时，本是用战国时文字写的。到汉朝，通行当时的隶书。《公羊传》和《穀梁传》写于汉代，当然是用汉隶写的。所以便把《左氏传》叫"古文"（"文"就是"字"），《公羊》和《穀梁》叫"今文"。《公羊传》和《穀梁传》两者"立于学官"，就是在国立大学开设专门课程，请专家讲授；《左氏传》却只在民间传授。

《左传》的流行，在战国已经开始。现在举出几条确凿无疑的证据。

（一）战国时，楚威王时有个太傅叫铎（duó）椒的，曾经摘钞《左传》，写过一本叫《抄撮》的书，仅八卷。《抄撮》，《史记·十二诸侯年表序》，名为《铎氏微》，《汉书·艺文志》说《铎氏微》只有三篇。

（二）战国赵孝成王时，宰相虞卿也采取《左氏传》，写了八篇，叫《虞氏春秋》，既见于《十二诸侯年表序》，又见于《史记·虞卿列传》。《虞氏春秋》，根据孔颖达《春秋左氏经传集解序》的《疏》引刘向《别录》，也叫《抄撮》，一共九卷，似乎比铎椒的《抄撮》丰富一些。

（三）西晋武帝咸宁五年，汲郡人名字叫不准的，盗掘魏襄王墓，发现一本名叫《师春》的书，完全抄录了《左传》有关卜卦占筮的文字，连上下次第都没有变动。杜预和束皙（xī）都亲眼看到这书，并且认为师春是抄录者的姓名。

由以上三事看来，《左传》已被战国时人所爱好，并且采摘成书。

到汉代，汉高祖刘邦的谟诰便引用过《左传》，汉初的张苍，曾为秦朝御史，主持四方所上文书，也曾从荀卿学习《左传》，张苍又把《左传》传给贾谊，贾谊又传授到自己孙子贾嘉，贾嘉传给河间献王博士贯公，贯公又传给自己小儿子贯长卿，贯长卿传给张敞和张禹，张禹传给萧望之和尹更始，尹更始传给自己儿子尹咸和翟方进及胡常，胡常传给贾护，贾护传给陈钦。西汉末，刘向、刘歆父子整理古籍，发现孔壁中古文《左氏传》，又从尹咸和翟方进学习《左传》。这是西汉一代私人传习《左传》的过程。

二、《左传》是怎样解说《春秋》的

刘向、刘歆父子都喜爱《左传》，刘向作《新序》《说苑》《列女传》等书，采用不少《左传》的内容。刘歆曾竭力争取使《左传》"立学官"，在国立大学开设专门课程。但遭到守旧派的一些人反对，反对理由之一，说《左氏》为不传《春秋》。《左传》究竟"传"或者"不传"《春秋》，必须由《左传》自己说话。我们考察《左传》，肯定它是"传"《春秋》的。它传《春秋》有几种方式。第一种方式是说明书法。如隐公元年《春秋》：

元年春王正月

《左传》则说：

元年春，王周正月，不书即位，摄也。

传文对经文作了二个解释。第一个解释"王正月"的"王"，《左传》在"王"下加一"周"字，说明这王是周王，也就说明，这个"春正月"是遵循周王朝所颁布的历法而定的。第二个解释是，因为依照《春秋》条例，鲁国十二君，于其元年，应该写"元年春王正月公即位"，而隐公元年却没写"公即位"三字,《左传》加以解释，因为隐公只是代桓公摄政，所以不写"公即位"。这个理由是有根据的。隐公元年冬十月，改葬隐公和桓公的父亲惠公，隐公却不为丧主，便是不敢以君主继承者自居，传文也明白地表示惠公在世，桓公已被立为太子，一也。二年冬十二月，桓公的母亲子氏死了，用夫人礼，史书"薨"；而隐公自己母亲于第二年夏四月死了，却不用夫人礼，只写"君氏卒"，便说明隐公自己只是摄政（代行政事）者，桓公实际将为正式鲁君，所以用夫人礼对待桓公母，而对待自己母亲却不用夫人礼，二也。隐公五年九月"考仲子之宫"，就是替桓公之亡母别立一庙而落成之，这表示对待桓公之母何等尊重，也就表明隐公之把幼小的异母弟桓公视为鲁君，三也。隐公十一年传：

> 羽父（即公子翚）请杀桓公，将以求大（同"太"）宰。公曰："为其少故也，吾将授之矣。使营菟裘（地名），吾将老焉。"

就是说羽父请求隐公允许他把桓公杀死，他自己以此要求太宰的官。隐公说："因为他（桓公）年轻，所以我代他为君主，我不久便把君位交还给他。我已派人在菟裘这地建筑房屋，打算在那儿过老。"这更表明隐公无意于留恋君位，这是证据之四。由此足以说明，《左传》之说隐公代桓公摄行政治，完全是当时史实，鲁太史因此不书隐公即位。这种说明"书法"之处很多，这不过是一例罢了。

第二种方式是，用事实补充甚至说明《春秋》。鲁隐公实是被杀而死。羽父求隐公杀桓公，隐公不同意，并且表明本心，但隐公太不警惕了，对羽父这样的坏人未加处置。羽父反而害怕，因此向桓公挑拨，这样，隐公被暗杀，并且使某些无辜者作了替罪羊。而《春秋》只写"公薨"二字，好像是病死的。《左传》便把这事源源本本叙述出来。

第三种方式是订正《春秋》的错误，如襄公二十七年《春秋》：

> 十有二月乙亥朔，日有食之。

《左传》则是：

> 十一月乙亥朔，日有食之。

"日有食之"是当时习惯语，等于今天说"日蚀"。《春秋》和《左传》只有一字之差，《春秋》是"十二月"，《左传》是"十一月"。《左传》有一条例，杜预叫做"传皆不虚载经文"。意思是《左传》作者，如果对《春秋》经文某些条文没有补充、修改或说明，便不为这条经文立传，所以《左传》中有不少经文没有传文。这一条传文，则是《左传》作者订正《春秋》经文的错误。根据古代天文历法家，如后秦姜岌（世界第一位能追算日食并发现蒙气差的天文学家）、元代郭守敬（元代大天文学家、水利专家和仪器制造家）等人的计算，实是十一月乙亥朔入食限；根据今法计算，这是当时公历十月十三日的日全蚀，丁亥朔应在周正十一月，日蚀就在这天。《春秋》作"十二月"，可能是当时的笔误，也可能为后人的误钞，而《左传》作者根据更可靠的资料改订为"十一月"。

第四种方式是，《春秋》经所不载的，《左传》作者认为有必要写出来流传后代，于是有"无经之传"。《左传》开头便写了"惠公元妃孟子"一段，这本是和"元年春王正月"相连结为一章的，因后人分经之年，每年必以"元年春"开始，有时便截断上下文，把"元年春"的上文截置于上年传尾。这一段也是如此，还不能算是"无经之传"。以隐公元年论，《春秋经》共七条，都有《传》；《传》有十四条，有七条是"无经之传"，而且传文都说明太史所不书于《春秋》的缘故，这些都是对《春秋》史料缺失的补充。《春秋》经文仅一万六千多字，除掉无传之经，还不足一万字，而传文则有十八万多字，绝大多数是叙述史实的，而且行文简炼含蓄，流畅活泼；描写人物，千姿百态，如闻其声，如见其人，既是较可信史料，又可作为文学作品欣赏。如果没有《左传》，《春秋》的价值便会大大下降。例如鲁庄公二十六年《春秋经》："曹杀其大夫。"僖公二十六年经又书："宋杀其大夫。"这两条都没有传来说明或补充，那么，杀者是谁，被杀者又是谁，为什么被杀，其经过如何，一切无法知道。杜预作注，也只得说"其事则未闻"。无怪乎东汉初桓谭在《新论》中说：

> 《左氏传》于《经》，犹衣之表里相待而成。《经》而无《传》，使圣人闭门思之十年，不能知也。

这是《经》待《传》而明的例子。也有《传》待《经》而明的例子。如成公十七年《经》：

> 夏，公会尹子、单子、晋侯、齐侯、宋公、卫侯、曹伯、邾人伐郑。

《传》却说：

> 公会尹武公、单襄公及诸侯伐郑，自戏童至于曲洧（wěi）。

《传》仅说"诸侯"，如果没有《经》所记载的"晋侯、齐侯"等，离开了《经》，谁也不知道"诸侯"是哪些国君。桓谭说《经》不能离开《左传》；其实，《左传》也不能离开《春秋经》。

由此，可以得一结论：《左氏传》是"传"《春秋经》的。它和《春秋经》相结合，正如桓谭所论，好比衣服之有表有里，不过它的"传"《春秋》是根据大量可靠史料来补充，甚至订正《春秋》脱漏和错误的，也有说明"书法"的，不象《公羊传》《穀梁传》多逞臆说罢了。

三、《左传》著作年代

《史记·十二诸侯年表序》说《左氏春秋》（即《左传》）成于左丘明，西汉初的严彭祖甚至说，孔丘和左丘明一同到周王朝看所藏史料，一个作《春秋经》，一个作《左氏传》（见《春秋左氏经传集解序》孔颖达《正义》引沈氏说），这些话虽然是西汉人说的，却不能相信。左丘明这个人，见于《论语·公冶长篇》：

子曰："巧言、令色、足恭，左丘明耻之，丘亦耻之。

匿怨而友其人，左丘明耻之，丘亦耻之。

孔丘引左丘明以自重，说明其人至少和孔丘同时，年龄或许还大于孔丘。可是《左传》最后记事到鲁哀公二十七年，最后一段说明智伯被灭，还称赵无恤为襄子，足以说明《左传》之作在赵无恤死后。智伯被灭距孔丘之死已经二十六年，距赵襄子之死已经五十三年。孔丘活到七十二岁，假若左丘明和孔丘同年，赵无恤死时他已一百二十五岁，即使还活着，怎么还能著书？

根据上文说楚威王太傅铎椒曾经采择《左传》作《抄撮》，那在公元前329年（楚威王末年）以前《左传》便已流行，《左传》当完成于公元前329年以前。闵公元年《左传》说：

大子申生将下军，赵夙御戎，毕万为右，以灭耿、灭霍、灭魏。……赐毕万魏，以为大夫。……卜偃曰："毕万之后必大。……"

初，毕万筮仕于晋，……辛廖占之，曰："吉。……公侯之卦也。公侯之子孙，必复其始。"

毕万本是周代毕国的后代，到他本人，早已国灭人微，沦为一般自由民。到此时，刚到晋国做官，得到魏邑的赏赐，职位为大夫。《左传》作者说毕万所占得的卦是"公侯之卦"，他的后代一定会"复其始"，意思是恢复为国君。《左传》作者好讲预言。预言灵验的，便是《左传》作者所目见耳闻的；不灵验的，便是预测错了，他未尝料想到的。他说毕万之后代一定昌盛而恢复为公侯，证明他曾见到魏文侯为侯，却不曾见到其后称王。

那么，由此可以推测，《左传》作于周威烈王二十三年（403），即魏斯称侯以后。

《左传》作者不可能是左丘明，因此，我们不纠缠作者为谁的问题。但著作年代却在战国初期，公元前403年以后。

宣公三年《左传》说：

成王定鼎于郏鄏（jiá rǔ），卜世三十，卜年七百。

这里有个问题：周的世数和年数应从文王计算起，还是从武王灭纣后算起，还是根据这段文字从成王定鼎算起。我认为"成王定鼎于郏鄏"，只是说明卜世卜年的时间和背景，而卜世卜年应该包括周王朝所传之世、取得之年，至迟应该从武王算起。《晋书·裴楷传》说："武帝初登阼，探策以卜世数多少。"这也是从西晋开国计算起，正和成王卜世相类。《汉书·律历志》

说："周凡三十六王，八百六十七岁。"西、东周总共三十四王，《律历志》说"三十六王"，是把东周的哀王和思王计算在内。若说卜世三十，到安王便已三十王。安王末年（二十六年）为公元前三七六年，东周年代近四百年，加上西周约三百年，《左传》成书年代很难到周安王年代。我们可以大胆推定，《左传》成书在公元前403年以后，公元前386年前，离鲁哀公末年约六十多年到八十年。

四、怎样读《左传》

《春秋左氏传》是一部重要典籍，研究先秦史者固然必须读它，研究先秦文学者也一定要读它。但它所包括的内容比较丰富，某些地方不大容易理解。从西汉贾谊作《春秋左氏传训故》以来，便不断有人替《左传》作注释，但在西晋杜预作《春秋左氏经传集解》以后，以前那些注释《左传》的书都已先后亡佚。杜预作《集解》时，还见到十多家注解《左传》的书，也曾采用西汉末刘歆、后汉贾徽、贾逵父子、许淑、颖容之说，为什么没有采用当时尚存的服虔《春秋左氏传解》（见《后汉书·儒林传下》）呢？孔颖达《正义》认为"服虔之徒，殊劣于此辈（指上文刘、贾、许、颖五家），故弃而不论也"。杜预作《集解》，的确费了很大功力。他自称有"左传癖"。他作《集解》之外，还有《春秋释例》、《春秋经传长历》等书，可惜都已散佚。《春秋释例》，《永乐大典》中尚存三十篇，其余则仅存于孔颖达《正义》的引文中。《春秋左传注疏》是《十三经注疏》之一，今天还有参考价值。

杜预以后还有一些关于《左传》的著作，但比较完善的却没有。清洪亮吉《左传诂》，着笔不多，有意排斥杜预的注释，而引用贾逵、服虔之余说较多，谈不到通释《左传》。刘文淇有意作《春秋左氏传》新疏，可惜他和他的儿子、孙子几代用功，还仅写到襄公初为止。而且从今天看来，难以使人满意。一则为他们所处时代所限制，缺乏科学性；二则刘氏过于相信《周礼》，用《周礼》来套《左传》，往往龃龉（jǔ yǔ）不合，反而不如孙诒让的《周礼正义》，能够求学术之真。

　　最近杨伯峻的《春秋左传注》已经出版。和《春秋左传注》相配合的有沈玉成的《左传译文》(已出版)，还有杨伯峻的《春秋左传词典》。《春秋左传注》是目前通释《春秋左传》的一部较用功力的书。作者广泛采取古今中外有关春秋一代历史的研究成果，加以己意，务求探索本意，不主一家之言。尤其重视更可靠的资料，如引用有关甲文、金文、地下发掘文物等加以印证，是一部较好的《春秋左氏传》注本。

再说《春秋左氏传》

一

在中国古代，一年便分春夏秋冬四季。四季之中，尤其重视春、秋两季，如《周礼·地官·州长》说："春秋以礼会民。"《左传》僖公十二年管仲说"若节春秋来承王命"，意思是假若在春秋朝聘之时来接受王室命令，那么，春秋两季既是聚会人民之时节，也是朝聘周王朝的时节。也有以"春秋"二字代表四季的，如《诗经·鲁颂，閟宫》说："春秋匪解，享祀不忒。"意思是一年四时不懈怠，祭祀上天下地和列祖列宗丝毫不出差错。古代史书，无非是记载一年四季的大事，因此使用"春秋"二字来作史书的通名。《国语·晋语七》说"羊舌肸习于春秋"，意思就是晋臣叔向（羊舌肸之字）熟习史书。《墨子·明鬼篇》有"周之《春秋》"、"燕之《春秋》"、"宋之《春秋》"、"齐之《春秋》"，甚至墨子还说"吾见百国《春秋》"（今本《墨子》无此语，却见于《隋书·李德林传》载其《答魏收书》）。"春秋"又是鲁国史书的专名，《孟子·离娄章句下》说："晋之《乘》，楚之《梼杌》，鲁之《春秋》，一也。"从这句话看，晋国的史书专名叫《乘》，楚叫《梼杌》，鲁国却仍叫《春秋》。

现在流传的《春秋》，记载着从鲁隐公元年（公元前722年）到鲁哀公十四年（公元前481年），一共二百四十二年的大事，左氏《春秋》记到孔子死，即鲁哀公十六年，延长二年，也不过二百四十四年的大事。却只有一万六千多字。《春秋》不能说和孔子没有关系，因为《公羊春秋》和《穀梁春秋》都于鲁襄公二十一年记载着"孔子生"；《左氏春秋》也于鲁哀公十六年记载着"孔子卒"。为什么三种《春秋》，二种写"孔子生"，一种写"孔子卒"呢？我估计，孔子曾经以《春秋》为近代、现代史教本教授学生，《春秋》由此流传。孔子学生为着纪念先师，因而追记他的生和死。从前人说孔子修《春秋》，孟子竟说孔子作《春秋》（《滕文公章句下》），都是不可信的。《春秋》记事基本和魏国史书《竹书纪年》相同，足见当时各国史官都凭出事国家的通告记载下来。本国出事，也凭向各国如何通告，便如何记载。孔子既不曾修，更不曾作。

二

《春秋》是现存的一部最早的编年史，它的史料价值很高，由于下面两点可以证明。

（一）《春秋》所记载的天象，以近代和现代的天文学方法来追测，足以证明是可靠的。以日蚀而论，《春秋》记载日蚀三十六次，襄公二十一年九月朔（初一日）十月朔的一连两次日蚀和二十四年七月朔、八月朔的两次日蚀，相连两月初一都日蚀，虽然不是绝不可能，但在一地两次都能看到，可能性却没有。尤其是在前一次是全蚀或环蚀之后，下一月决不能再蚀。襄公二十一年十月朔的日蚀可能是误认或者误记，襄公二十四年八月朔的日蚀可能是错简，错简犹如今天书籍页子订错了。除掉这两次，实记三十四次日蚀，而三十三次是可靠的。这是中国古人所不能伪造的。又如庄公九年记"星陨如雨"，实是公元前687年三月十六日发生的天琴星座流星雨纪事，而且是世界上最早的一次记载。不是当时人看到，史官加以记录，谁也无法假造。还有文公十四年秋七月，"有星孛入于北斗"，这是世界上有关哈雷彗星的最早记录，也是不能假造的。《春秋》所记载的天象，根据近代和现代科学家研究，证明它基本上是实实在在的，也就可以证明《春秋》作为历史资料是值得相信的。

（二）由于古代文物不断从古人坟墓中被发掘，用那些文物中有铭文的来和《春秋》史实相比勘，很多是能互相印证的，也足以证明《春秋》的史料价值了。

但春秋二百四十多年中有许多事并没有记载下来，或者因《春秋》一书在流传中脱落了若干简策，犹如今天有书掉了页。再以日蚀为例，在鲁都曲阜，在那二百四十二年中，可以见到的日蚀在六十次以上，《春秋》记载的，可靠的只三十三次，有一半便没有记载。纵使日蚀那天有密云甚至大雨，但有日全蚀，不可能不察觉到，可见日蚀失载的不少。另外还可以举出许多大事和人物，《春秋》都未记载。据三国曹魏时张晏和晚唐人徐彦的计算，《春秋》共有一万八千字（张说见《史记·太史公自序·集解》引，徐说见《公羊传》昭公十二年《正义》引），但目前所存不过一万六千多字，从晚唐到近代，脱落了一千多字。总而言之，《春秋》是一部可信而很不完备的编年史书。

三

《春秋》记事是粗线条的，仅仅给读者以模糊的概念，如果没有解说，许多记事简直记了等于没记。因此，古人便以《春秋》为"经"，另外有人给它作"传"来对"经"加以说明或解释。据《汉书·艺文志》，为《春秋》作传者五家：

《左氏传》三十卷。

《公羊传》十一卷。

《穀梁传》十一篇。

《邹氏传》十一卷。

《夹氏传》十一卷。

《艺文志》又说："《邹氏》无师，《夹氏》未有书。"没有师，就没有传授的人；没有书，纵要传授，也没有本本，无从传授。所以今日所存的，只有《左氏传》和《公羊传》、《穀梁传》三种。《公羊》和《穀梁》是《西汉》初年才用当时通行的隶书写成的，因之叫做今文，曾在汉朝"立学官"，便是在国立大学立博士专门教授。《左氏传》一种出于孔丘旧居屋壁之中，是用秦以前的书体写成的，所以叫做古文；一种是由战国荀卿传授，又有楚国的太傅铎椒摘抄它，赵国的宰相虞卿也撮录它，一直到西汉，如张苍、贾谊、贾嘉、贯公、贯长卿、张敞、张禹、萧望之、尹更始、尹咸、翟方进、胡常、贾护、陈钦一代代传下来，虽然不曾在国学教授，在民间却很盛行。西汉末年，刘向、刘歆父子尤其喜爱它，甚至一家人无论大小贵贱都读它。这个时候，《左传》当然已经由大篆等古文改用隶书写定了。

《公羊》、《穀梁》和《左传》大不相同。《公羊》、《穀梁》讲所谓微言大义，《左传》则重视史实。《公羊》、《穀梁》所谓微言大义，果真是孔丘（假定《春秋》是孔子所修）的意思么？其实臆测不可信的占绝大部分。而且《公羊》、《穀梁》专凭《春秋》做文章，《春秋》所没有的，《公羊》、《穀梁》也就没有。《左传》则重视史事，它的作传，从我们的研究看来，可以归纳成几个条例。（一）补充《春秋》所未叙的史实；（二）纠正《春秋》所叙的错误，并说明其原因；（三）《春秋》所未记的大事，也加以叙述，所以有"无经之传"；（四）无可补充或纠正的，便不为传。而且《左传》文章极好，到后来爱好《左传》的人多。《左传》不但是一部较为详备的编年史，也是一部叙述史事散文的文学作品，对后代影响极大。

四

《左传》相传为左丘明所作。左丘明这人，最初见于《论语》。《公冶长篇》说："巧言、令色、足恭，左丘明耻之，丘亦耻之。匿怨而友其人，左丘明耻之，丘亦耻之。"孔子对于卑躬屈节巴结别人的人，认为可耻，而且先说左丘明认为可耻。对于面和心不和的两面派，也先说左丘明认为可耻，自己也认为可耻。从语气看来，左丘明不但不是孔子的学生或者后辈，甚至还是孔子的前辈，才引他以自重，他至少年龄不小于孔子。他若是《左传》的作者，《左传》最后一段说明智伯被灭，还称赵无恤为襄子。孔子活到七十二岁，智伯被灭在孔子死后二十六年，赵襄子之死距孔子之死五十年，假若左丘明和孔子同年生，他必须活到一百二十五岁以上才能写这些文字，如何可能？

我们很难肯定《左传》是谁所作，但从《左传》本身研究，大致能断定写成于公元前403年以后，公元前386年以前。

上文说过，楚威王太傅铎椒曾摘抄《左传》给楚威王读，楚威王元年为公元前339年，末年为公元前329年，则在公元前329年以前，《左传》已经流行。《左传》成书又必在流行以前。《左传》作者好作预言，预言灵验的，是作者所目见耳闻的；预言不灵验的，只是《左传》作者认为是理所当然的事，而后来事实却不如此。由此便可以推测《左传》成书年代。现在约略举出几件事。

（一）根据庄公二十二年"懿氏卜妻敬仲"的卜辞，只讲"五世其昌，并于正卿；八世之后，莫之与京"，而没有讲"十世之后，为侯代姜"。而且据昭公三年传、八年传，甚至哀公十五年传，都不能肯定陈氏代齐且为王，足见《左传》作者不曾看到公元前386年时田和为齐侯。

（二）闵公元年叙"毕万筮仕于晋"说得"公侯之卦"，预言毕万的后代会再度为公侯。到公元前403年，魏斯果然为侯，即魏文侯。《左传》作者一定看到这件事，所以说作于公元前403年以后。

（三）宣公三年传预言周朝传三十代，七百年。而西周和东周共传三十四王，或者三十六王，八百多年。若依《左传》作者所计，《左传》当作于周安王时代，但看不到周安王之死，可能在周安王十三年，即公元前389年以前。离鲁哀公末年约六十多年到八十年。

五

《左传》和《春秋》原来各自为书，但《左传》和《春秋》实际互为表里。后汉桓谭曾说过："《左氏传》于《经》，犹衣之表里，相待而成。经而无传，使圣人闭门思之十年，不能知也。"桓谭这话有两重意义，一重是,《公羊》、《穀梁》解经，仍旧不能使读者明白经文原旨。以《春秋》第一句为例，原文是："元年春，王正月。"《公羊传》说：

元年者何？君之始年也。春者何？岁之始也。王者孰谓？谓文王也。曷为先言王而后言正月？王正月也。何言乎王正月？大一统也。公何以不言即位？成公意也。何成乎公之意？公将平国而反之桓。曷为反之桓？桓幼而贵，隐长而卑。其为尊卑也，微国人莫知。隐长又贤，诸大夫扳隐而立之。隐于是焉而辞立，则未知桓之将必得立也。且如桓立，则恐诸大夫之不能相幼君也。故凡隐之立，为桓立也。隐长又贤，何以不宜立？立適以长不以贤，立子以贵不以长。桓何以贵？母贵也。母贵则子何以贵？子以母贵，母以子贵。

再看《穀梁传》怎么说：

虽无事，必举正月，谨始也。公何以不言即位？成公志也。焉成之？言君之不取为公也。君之不取为公何也？将以让桓也。让桓正乎？曰："不正。"《春秋》成人之美，不成人之恶。隐不正而成之何也？将以恶桓也。其恶桓何也？隐将让而桓弑之，则桓恶矣。桓弑而隐让，则隐善矣。善则其不正焉何也?《春秋》贵义而不贵惠，信道而不信邪。孝子扬父之美，不扬父之恶。先君之欲与桓，非正也，邪也。虽然，既胜其邪心以与隐矣，已探先君之邪志而遂以与桓，则是成父之恶也。兄弟，天伦也。为子受之父，为诸侯受之君，己废天伦而忘君父以行小惠，曰小道也。若隐者，可谓轻千乘之国，蹈道则未也。

比较《公羊》和《穀梁》，除掉一些废话不论，两者矛盾处有三：

（甲）《公羊》说，母以子贵，桓公应立。《穀梁》说，惠公先欲立桓公，是邪志。

（乙）《公羊》说，隐公之立是由诸大夫。《穀梁》说是惠公胜其邪心而立隐公。

（丙）《公羊》说"隐长又贤"。《穀梁》说，隐废天伦而行小惠，仅能说是"轻千乘之国"。

其实都是毫无事实的臆测，唯一的根据是隐公十一年为桓公指使人所杀。且看《左传》如何记载此事：

惠公元妃孟子。孟子卒，继室以声子，生隐公。宋武公生仲子。仲子生，而有文在其手，曰为鲁夫人，故仲子归于我。生桓公而惠公薨，是以隐公立而奉之。元年春王周正月，不书即位，摄也。

字数仅《公羊》、《穀梁》的三分之一左右，一个废字没有，事实清楚明白。隐公是声子之子，声子不是惠公正夫人。桓公之母仲子是惠公夫人，但年太幼小，所以隐公仍奉桓公为君而代行政治。到隐公十一年，隐公被弑，《公羊》、《穀梁》只说桓公弑隐公，《左传》却把事实经过交代得明明白白。《左传》

是根据当时史料写的，《公羊》、《穀梁》是所谓主观臆说。无怪乎后人重《左传》，桓谭也只能说《左氏传》和《春秋经》相为表里。

桓谭说"经而无传，使圣人闭门思之十年，不能知也"，这话完全正确。如庄公二十六年《经》"曹杀其大夫"，僖公二十五年《经》"宋杀其大夫"，两条都无传，那么，杀者是谁，被杀者又是谁，为什么被杀，其经过如何，一概无法知道。《公羊》和《穀梁》虽然有解释，一则既没有史实根据，二则又互相矛盾，反不如《左传》之"不知为不知"。

不但经待《左传》而后明，《左传》亦待经而后明，因《左传》可以因经而有省略。例如成公十七年经："夏，公会尹子、单子、晋侯、齐侯、宋公、卫侯、曹伯、邾人伐郑。"《传》说："公会尹武公、单襄公及诸侯伐郑，自戏童至于曲洧。"传只说"诸侯"，要读经才知道是晋、齐、宋、卫、曹、邾之国君。同样，襄公十年经："春，公会晋侯、宋公、卫侯、曹伯、莒子、邾子、滕子、薛伯、杞伯、小邾子、齐世子光会吴于柤（zū）。"《传》云："春，会于柤，会吴子寿梦也。"若不读经，会于柤者便不知是些什么人了。

总之，《左传》以史事解经，比《公》《穀》强。

《公羊传》和《穀梁传》

一、《公羊传》《穀梁传》著作和传授

《春秋》三传的次第，根据陆德明（六朝陈至唐太宗时人）《经典释文·序录》，为《左传》《公羊》《穀梁》，因此后代讲"三传"，多依此为次序。

《左传》为先秦著作，最初是用西汉以前文字，如小篆或大篆写的。大、小篆对西汉当时通用的隶书说，是古文字，所以叫"古文"。《公羊》和《穀梁》，先是口耳相传，到汉代才写成定本，自然是用当时汉隶写的，所以叫"今文"。

《公羊传》的传授，据东汉何休《春秋公羊传·序》（"传"字阮刻本无，今据《公羊校勘记》补）唐徐彦《疏》所引戴弘序说：

> 子夏传与公羊高，高传与其子平，平传与其子地，地传与其子敢，敢传与其子寿。至汉景帝时，寿乃共弟子齐人胡毋（音"无"）子都著于竹帛。

《公羊传·隐公二年》"纪子伯者何，无闻焉尔"何休注也说：

> 其说口授相传，至汉，公羊氏及弟子胡毋生等乃始记于竹帛。

"生"是"先生"之意，胡毋生就是胡毋子都。由此可以证明，《春

秋公羊传》到汉景帝时才写定。

唐杨士勋《春秋榖梁传序·疏》云：

> 榖梁子名淑（案"淑"，当依《榖梁校勘记》作"俶"），
> 字元始，鲁人。一名赤。（案：颜师古《汉书·艺文志注》
> 又以为名喜）受经于子夏，为经作传，故曰《榖梁传》。
> 传（"传"字阮刻本无，今从《校勘记》所引毛本补）孙卿，
> 孙卿传鲁人申公，申公传博士江翁。其后鲁人荣广大善《榖
> 梁》，又传蔡千秋。汉宣帝好《榖梁》，擢千秋为郎，由
> 是《榖梁》之传大行于世。

由这二段文字看，有二点和现今研究结论不同。一点是《公
羊传》《榖梁传》同出于子夏的传授，这点未必可信，以后再
谈。一点是《榖梁传》作者为榖梁俶（一名赤），他是子夏弟子，
自是战国初人，比《公羊传》到汉景帝时才写定的应早若干年，
而且写于战国初，应该是用古文写的，这一点更难相信。陆德
明《经典释文·序录》说"榖梁赤乃后代传闻"，杨士勋很可能
是贞观时人，陆德明在贞观十六年前已经高年逝世，未必能知
道杨士勋所说《榖梁传》传授内容。陆德明说"榖梁赤乃后代传
闻"，或者另有所据，所以他定三传次序，以《榖梁传》在最后。

《四库全书总目提要》也不相信杨士勋的说法，认为"《榖
梁》亦是著竹帛者题其亲师，故曰《榖梁传》"。下文可以证明《榖
梁传》成书更在《公羊传》之后。

二、《公》《榖》同出子夏的不可信

关于《公羊》，据戴弘《序》，"子夏传与公羊高"。关于

《穀梁》，据杨士勋《疏》，"穀梁子受经于子夏"，则是《公》《穀》同源，同出于子夏的传授。同一《春秋经》，子夏自然可以授与不同弟子，但只应大同小异，互有详略，不能自相矛盾，更不会自相攻击。如今我们研究《公羊传》和《穀梁传》，发现不但两传矛盾之处很多，而且有《穀梁》攻击《公羊》处，兹略举三例。

第一例，《春秋经·隐公五年》：

> 九月，考仲子之宫。

《公羊传》说：

> 考宫者何？考犹入室也，始祭仲子也。桓未君，则曷为祭仲子？隐为桓立，故为桓祭其母也。然则何言尔？成公意也。

《穀梁传》却说：

> 考者，成之也，成之为夫人也。礼，庶子为君，为其母筑宫，使公子主其祭也。于子祭，于孙止。仲子者，惠公之母。隐孙而修之，非隐也。

试比较两传，大不相同。第一，解释"考"字不同，《公羊传》以为"考宫"是把仲子神主送入庙室而祭祀她；《穀梁传》却认为这是完成以妾为夫人之礼。第二，对仲子这人认识不同。《公羊传》认为仲子是鲁惠公妾，《穀梁传》却认为是鲁孝公妾，惠公庶母，同时也是生母。第三，《公羊传》认为"考仲子之宫"是完成隐公让位桓公的凤愿，无可非议。《穀梁传》却认为隐公为孙，违背"于孙止"的礼而祭祀庶祖母，应该被谴责。同一子夏所传，而矛盾如此，岂非咄咄怪事？

第二例，僖公二十二年宋襄公和楚成王战于泓（今河南柘城县北三十五里），因为宋襄公不想在敌人半渡时以及立足未稳时发动攻击，两次失掉进攻得胜机会，讲究"蠢猪式的仁义"，结果吃了大败仗。《公羊传》极度夸奖宋襄公，说什么"虽文王（周文王）之战不过此也"。《穀梁传》却提出作战原则："倍则攻（我军倍于敌人，便发动进攻），敌则战，少则守"，认为宋襄公违背这原则，简直不配做个人！责骂得何等愤慨！对同一人的同一行动评价完全相反；《公羊》是捧上天，《穀梁》却贬入地，岂能出于同一师传？

第三例，《春秋经·宣公十五年》云：

> 冬，螽（音沿，食谷物虫）生。

《公羊传》云：

> 未有言"螽生"者。此其言螽生何？螽生不书，此何以书？幸之也。幸之者何？犹曰受之云尔。受之云尔者何？上变古易常，应是而有天灾，其诸则宜于此焉变矣。

所谓"上变古易常"，何休注云："上谓宣公，变易公田古常旧制，而税亩。"《公羊传》作者认为，由于鲁国初次实行按田亩收赋税制度，上天于是降螽为灾，鲁国实该受罚。幸而这种天罚还不大。这种解释，讲天人关系，一点不合科学道理。但《穀梁传》却说：

> 非灾也。其曰螽，非税亩之灾也。

这是对《公羊传》的批判和驳斥。一个说，螽生由于实行"初税亩"；一个说，螽生不是由于实行"初税亩"。假如这截然相反的两说都出于子夏，子夏是孔门弟子，后期大儒，这便是他自己打自己一掌响亮的耳光。我想，子夏不会做出这等事。

总之，无论公羊高或者穀梁赤，都未必是子夏学生。托名子夏，不过借以自重罢了。

《四库全书总目提要·春秋公羊传注疏》说：

今观传中有"子沈子曰""子司马子曰""子女子曰""子北宫子曰"，又有"高子曰""鲁子曰"，盖皆传授之经师，不尽出于公羊子。定公元年传"正棺于两楹之间"二句，《穀梁传》引之，直称"沈子"，不称"公羊"，是并其不著姓氏者，亦不尽出公羊子。且并有"子公羊子曰"，尤不出于〔公羊〕高之明证。

这一段话证明，《公羊传》不出于公羊高，自然更非子夏所传了。

《四库提要·春秋穀梁传注疏》又说：

《公羊传》"定公即位"一条引"子沈子曰"，何休《解诂》以为后师（案：此条在《公羊传·隐公十一年》"子沈子曰"下，何休注云："子沈子，后师。"），此传"定公即位"一条亦称"沈子曰"。《公羊》《穀梁》既同师子夏，不应及见后师。"初献六羽"一条（案：在隐公五年），称"穀梁子曰"，传既穀梁自作，不应自引已说。且此条又引"尸子曰"。尸佼为商鞅之师，鞅既诛，佼逃于蜀，其人亦在穀梁后，不应预为引据。

《四库全书总目提要》所论正确。无论《公羊》《穀梁》既不出于子夏所作，《穀梁》更不作于战国。《公羊传》若说作于汉景帝时，大致可信。至于《穀梁传》，肯定又晚于《公羊传》。

三、《穀梁传》出于《公羊传》后

上文第二节第三例论"螽生"，《穀梁传》的论点是："其曰螽，非税亩之灾也。"因为鲁宣公十五年，初次实行按田亩收税制，《公羊传》以为这是"变古易常"，因之遭致天谴，罪有应得。《穀梁传》加以驳斥，认为螽生和税亩无关。一定先有某种论点，然后才有人加以反对。由此足以证明，《公羊传》在前，《穀梁传》在后。现在再根据宋人刘敞《春秋权衡》所提证据略加介绍，并予修订补充：

第一证，《春秋·隐公二年经》：

> 无骇帅师入极。（"骇"，《穀梁》作"侅"，同。）

《公羊传》说：

> 无骇者何？展无骇也。何以不氏？贬。曷为贬？疾始灭也。（中略）其言入何？内大恶，讳也。

《穀梁传》说：

> 入者，内弗受也。极，国也。苟焉以入人为志者，人亦入之矣。不称氏者，灭同姓，贬也。

我们试比较二传同异，有相同处，两者都对"经"文"入"字和"展无骇"（侅）省称"无骇（侅）"加以解释。但《穀梁传》说得比较明确，极可能是采用《公羊传》的论点加以补充。《公羊传》只说贬不称氏，因为痛恨在春秋时代开始灭人之国。《穀梁传》却说"不称氏者"，因为所灭是同为姬姓之国。解释"入"字，《公羊传》只是讳内大恶。什么是"内大恶"，毫无交代，使后人如坠五里雾中。《穀梁传》却认为鲁隐公及无骇以强大军力开进别人之国，别国之人并不愿接受这种敌军。并且警告说，你以开入他国为心，别国也会将大军开进你的国家。两相比较，《穀梁传》似乎采择《公羊传》而加以修饰润色了。

第二证，《春秋·隐公八年经》：

冬十有二月，无骇卒。（"骇"，《穀梁》作"侅"，同。）

《公羊传》云：

> 此展无骇也。何以不氏？疾始灭也，故终其身不氏。

《穀梁传》则说：

> 无侅之名未有闻焉。或曰，隐不爵大夫也。或说曰，
> 故贬之也。

《穀梁》对无侅之死，既不书氏，又不书日，提出三种假设。第一种假设，无侅并没有名声。然而这是说不通的，因为在隐公五年他曾统率军队灭亡极国。第二种假设，隐公志在让位桓公，不给大夫以上官以爵位。这话也不正确。五年经有"冬十有二月辛巳，公子驱卒"，九年经有"侠卒"，凡鲁臣于《春秋》书"卒"者，都是卿大夫，隐公既代行国政，岂能"不爵大夫"？第三种假设，似乎《穀梁传》作者明知这二种解释难通，因不得不用"或说"，"或说"明明是抄袭《公羊传》，只是文字简省而已。

第三证，《春秋·庄公二年经》说：

> 夏，公子庆父帅师伐於余丘（阮刻本无"於"字，今
> 据《校勘记》补）。

《公羊传》说：

> 於余丘者何？邾（zhū）娄之邑也。曷为不系乎邾娄？
> 国之也。曷为国之？君存焉尔。

意思是鲁庆父所伐者仅是邾国的一邑叫於余丘的。《春秋》应写伐"邾娄之於余丘"。邾君当时在於余丘，于是把於余丘看为邾之国都，因而不书"邾娄"国名。《穀梁传》却说：

> 国而曰伐。於余丘，邾之邑也。其曰伐，何也？公

子贵矣，师重矣，而敌人之邑，公子病矣。病公子，所
以讥乎公也。其一曰，君在而重之也。

《穀梁传》在"伐"字上做文章。"伐"是有特别意思的词，一
般攻夺一个地方，不用"伐"字。此次攻打郕国於余丘一地，
却用"伐"字，因为公子庆父为统帅，人既贵重，军队也多，
而且以庆父的高贵身份和郕国一小地为敌，未免太不值得，
因此讥讽公子，也所以讥讽庄公。又引一说，"君在而重之也"，
这是采用《公羊传》的"君存焉尔"的理由而变其词。

上面的几条证据，足以证明《穀梁传》系在看到《公羊传》
后才写定的。

四、《公》《穀》二传评价

《春秋》三传，《左氏传》以叙事为主，甚至有《春秋经》
所没有的，即所谓无《经》之《传》。解释"书法"的话不多。《公
羊传》《穀梁传》却不如此，以解释《春秋经》文为主，叙史事
绝少，不是史书，而是所谓讲"微言大义"的"经"书，而所
讲的"微言大义"，大半各逞胸臆，不合本旨。我们把《春秋
经》开始一句"元年春王正月"六个字，用三传的文字各列于下，
读者比较一下便可得出应有的结论。

（一）《左氏传》：

惠公元妃（犹"元配"）孟子。孟子卒，继室（续娶也）
以声子，生隐公。宋武公生仲子。仲子生而有文（字）在
其手（手掌），曰为鲁夫人，故仲子归于我（嫁给鲁惠公）。
生桓公，而惠公薨，是以隐公立而奉之（奉桓公为君，隐

公代行国政）。

　　元年春，王周正月，不书即位，摄也。

（二）《公羊传》：

　　元年者何？君之始年也。春者何？岁之始也。王者
孰谓？谓文王也。曷为先言王而后言正月？王正月也。
何言乎王正月？大一统也。公何以不言即位？成公意也。
何成乎公之意？公将平（治理也）国而反之桓（桓公）。
曷为反之桓？桓幼而贵，隐长而卑。（据何休注，桓已被
立为太子。）其为尊卑也微，（据何休注，声子和仲子都
不是夫人，而是媵妾。）国人莫知。隐长又贤，诸大夫扳（引
也）隐（隐公）而立之。隐于是焉而辞立，则未知桓之将
必得立也。且如桓立，则恐诸大夫之不能相（辅佐）幼君
也。故凡隐之立，为桓立也。隐长又贤，何以不宜立？
立適以长不以贤，立子以贵不以长。桓何以贵？母贵也（据
何休注，仲子位次高于声子）。母贵，则子何以贵？子以
母贵，母以子贵。

（三）《穀梁传》：

　　虽无事，必举正月，谨始也。公何以不言即位？成
公志也。焉成之？言君之不取为公也。君之不取为公何
也？将以让桓也。让桓正乎？曰：不正。《春秋》成人之美，
不成人之恶。隐不正而成之，何也？将以恶桓也。其恶
桓何也？隐将让而桓弑之，则桓恶矣。桓弑而隐让，则
隐善矣。善则其不正焉何也？《春秋》贵义而不贵惠，信
道而不信邪。孝子扬父之美，不扬父之恶。先君（惠公）
之欲与桓，非正也，邪也。虽然，既胜其邪心以与隐矣，

已探先君之邪志而遂以与桓，则是成父之恶也。兄弟，
天伦也。为子，受之父；为诸侯，受之君。已废天伦，
而忘君父，以行小惠，曰，小道也。若隐者，可谓轻千
乘之国；蹈道，则未也。

以上三传文字，《穀梁传》最长，不计算标点，净得
二百二十二字；《公羊传》次之，净得一百九十五字；《左氏传》
最少，净得七十一字。以内容论，《左氏传》叙述隐公是续娶
姬妾（非"夫人"）所生，桓公则是继配夫人所生，因年幼小，
所以隐公为政而奉桓公为国君。简单明白。解释经文，仅仅"不
书即位，摄也"六个字。《公羊传》文字将近《左氏传》三倍，
除说明"大一统"（"大一统"这个观念，要在秦、汉以后才能有，
这就足以证明《公羊传》不出于子夏），还有所谓"子以母贵，
母以子贵"的原则。文字拖沓，很难使人读下去，没有文学价值。
《穀梁传》更比《公羊传》文字长，是《左氏传》的三倍多。所
谓"《春秋》成人之美，不成人之恶"，是抄自《论语·颜渊》篇，
把孔丘的话，改"君子"为《春秋》罢了。《公》《穀》二传，废
话多，史事少。所谓大义，也未必是大义，更未必合乎《春秋》
作者本旨。那么，三传的价值由此可以知道了。宋人叶梦得
说得好："《公羊》《穀梁》传义不传事，是以详于经而义未必当。"

五、《公羊传》《穀梁传》在汉代

《公羊传》和《穀梁传》在汉代都立于学官，写《春秋公羊传》
的，最初是胡毋生，同时有董仲舒和公孙弘。公孙弘以儒者
为丞相，封为平津侯。董仲舒三次对策都引《公羊》，而以己

意说它。如解"春王正月"说：

> 臣谨案《春秋》之文，求王道之端，得之于正（正月
> 之正）。正次王，王次春。春者，天之所为也；正者，王
> 之所为也。其意曰，上承天之所为而下以正其所为，正
> 王道之端云尔。

这真是以《公羊传》的文章程式对答汉武帝的贤良策问。董仲
舒《对策》还说：

> 《春秋》大一统者，天地之常经，古今之通谊（"谊"
> 同"义"）也。今师异道，人异论，百家殊方，指意不同，
> 是以上亡（同"无"）以持一统。法制数变，下不知所守。
> 臣愚以为：诸不在六艺之科、孔子之术者，皆绝其道，
> 勿使并进。邪辟（同"僻"）之说息，然后统纪可一，而
> 法度可明，民知所从矣。

汉武帝听了这话，便罢黜百家，独尊儒术。这是公羊学对中
国政治史、学术思想史影响最大最深的一件事！

《汉书·艺文志》还有董仲舒的《公羊董仲舒治狱》十六
篇，用《公羊》来判断官司。《汉书·董仲舒传》还说他"以《春
秋》灾异之变，推阴阳所以错行"来求雨或者止雨。今天看来，
是怪诞之极！汉朝人喜欢援引《公羊》，有得福的，也有得祸
的，各举一例，以窥见《公羊春秋》在汉代的影响。

汉武帝卫皇后所生太子，被江充所陷害，逼得发兵，兵
败逃亡，终于自杀。汉昭帝始元五年，有人冒称卫太子上朝
廷自诉，"长安中吏民聚观者数万人"，"丞相、御史、中二千
石至者，立，莫敢发言"。当时隽不疑为京兆尹（相当今日北
京市市长），后到，便叫人把那冒充者捆绑收押。隽不疑说：

> 诸君何患于卫太子？昔蒯聩违命出奔，辄拒而不纳，
> 《春秋》是之。卫太子得罪先帝（汉武帝），亡不即死，今
> 来自诣，此罪人也。

因此，"天子与大将军霍光闻而嘉之，曰：'公卿大臣当用经术，明于大谊。'"当然，真卫太子已自杀，冒称者纵是真卫太子，他便该立为汉帝，不但汉昭帝帝位危险，而且霍光等辅佐大臣也难以自立。隽不疑援引《公羊传》收押冒充者，实际上安定了汉昭帝和当时大臣之位。由是名声重于朝廷，在位者皆自以为不及也。（以上皆见《汉书·隽不疑传》）蒯聩是卫灵公的儿子，因想杀卫灵公夫人南子未成而逃亡，卫灵公死，蒯聩之子辄得立，而《公羊传》说：

> 然则辄之义可以立乎？曰："可。""其可奈何？"不
> 以父命辞王父（祖父）命，以王父命辞父命，是父之行乎
> 子也。不以家事辞王事，以王事辞家事，是上之行乎下也。

这便是《公羊传》之义。

另外有个睦（suī）弘，又叫睦孟的，也是汉昭帝时人，当时发生一些怪现象，如大石头自己直立，枯木复生等，睦孟竟推董仲舒《春秋》之意，认为"当有从匹夫为天子者"，于是上书，建议昭帝"求索贤人，禅以帝位，而退自封百里"。结果这班人全都送了性命。

汉人解说《公羊春秋》如此怪诞，得福既不合《春秋》本旨，得祸简直是自讨苦吃。其他如公孙弘，虽然也援引《公羊传》，但这人是个两面派，善于投机，这是他所以取得拜相封侯的关键所在。

在汉武帝时，卫太子学习《公羊》，其后，兼习《穀梁》，

此后学者不多。到汉宣帝时才又盛行。

六、结论

《春秋公羊传》和《春秋穀梁传》，既不是史书，也谈不上文学价值，一般人可以不读。但要研究中国经学史、政治思想史、学术史，却不可不读。下列几本书是必须参考的：

（一）《春秋公羊传注疏》，汉何休（129—182年）解诂，唐徐彦（唐朝末年人）疏。

（二）《春秋穀梁传注疏》，晋范甯（339—401年）集解，唐杨士勋（唐太宗时人）疏。

（三）《春秋繁露注》，清凌曙（1775—1829年）注。

（四）《春秋繁露义证》，近人苏舆（死于民国初年）著。

（五）《春秋公羊通义》，清孔广森（1752—1786年）著。

（六）《春秋公羊义疏》，清陈立（1809—1869年）著。

（七）《穀梁补注》，清锺文烝（1818—1877年）注。

《论语》

一、《论语》的内容和成书年代

《论语》是这样一种书：它记载着孔子的言语行事，也记载着孔子少数学生的言语行事。我们要研究孔子和孔门弟子，它是首先应阅读的书。

"论语"之名，最早见于《礼记·坊记》，足见此书名在汉武帝以前便有了。为什么叫"论语"，其说不同，都不一定可靠，可以不去管它。两汉人引《论语》，有称"孔子曰"的，纵不是孔子的话，也称"孔子曰"，似乎可以看出，汉人把《论语》等同于《孟子》、《荀子》、《墨子》，作为诸子的一种。汉人又把《论语》看为"传"、"记"，如《汉书·扬雄传赞》"传莫大于《论语》"，以《论语》为"传"的一种；《后汉书·赵咨传》引其遗书，谓《记》又曰"丧与其易也，宁戚"，这是《论语·八佾篇》中的话。更可以知道汉人不把《论语》看作"经"，而看做辅翼"经书"的"传"、"记"。汉代的书用竹木简编缀成册，写"经"书，用长二尺四寸的策（汉尺，约合今55.92厘米，1959年甘肃武威所出土汉简《仪礼》可为实物证明）；若《论语》，据《论衡·正说篇》，便只用八寸为一尺的竹简。由此也可以证明《论语》

只是"传"、"记"。

《论语》书中记到了孔子晚年最年轻学生曾参的死，又记着曾参对鲁国孟敬子一段对话(《泰伯篇》)。"敬"是谥号，当时人死了才给谥号。孟敬子肯定死在战国初期，那么,《论语》的编辑成书大概在战国初期，即公元前四百年左右。

《论语》编纂成书虽在孔子死(公元前479年)后七十多年，但着笔或者较早，甚至也不是一人的笔墨，如《子罕篇》说：

牢曰："子云：'吾不试，故艺。'"

"牢"是琴牢，自称"牢曰"，可能是琴牢自己的笔记，为编辑《论语》者所采入。又如《宪问篇》：

宪问耻。子曰："邦有道，穀(做官拿俸禄)；邦无道，穀，耻也。"

"宪"是原宪，也就是《雍也篇》的原思。这几句，也很可能是原宪自己的笔记，为《论语》编纂人所采入。另外又如《子张篇》记"子夏之门人"和子张的问答，那一段话，不是子张学生所记，便是子夏学生所记。因此，我的看法是：《论语》是采辑孔门弟子或者再传弟子有关笔墨，在战国初期编纂而成的书。

二、《论语》的作用

孔子晚年就有极大的名声，赢得当时各国的赞美。当时有人说他是"人民导师"(参见杨伯峻《论语译注·八佾》)，鲁国称他为"国老"(《左传·哀公十一年》)，还有人认为他是"圣者"(《论语·子罕篇》)。死后，他的学生比他做日月，高得不可超越(参见杨伯峻《论语译注·子张篇》），说他"生得光荣，死得可惜"（同前）。他对中国文化的贡献的确有丰功伟绩。因此，《论语》一书从来就受到尊重。两汉时儿童最初念书，是先读识字课本。自秦统一前以至汉代，有各种识字课本，如《史籀篇》、《仓颉篇》、《凡将篇》、《急就篇》等，好比后代儿童读《千字文》、《三字经》、《百家姓》，其后改读"人、手、足、刀、尺"一样。在汉代识字完毕，便读《论语》和《孝经》。《论语》是读书人必读之书。不象"五经"（《诗》、《书》、《易》、《礼》《春秋》），可以不读，也可以只通一经；能够兼通几种"经书"的，便是了不得的儒者。以后的读书人，可说无人不读《论语》。到南宋朱熹，把《论语》、《大学》、《中庸》、《孟子》集为《四书》，作《四书章句集注》，这四种更成为学习入门书。元仁宗皇庆二年（1313）举行科举，考试题目必须在《四书》之内，而且必须以朱熹的注解为根据。一直经过明朝，延到清代光绪二十七年（1901）才完全废除以《四书》命题的"八股文"考试办法。《论语》是《四书》的第一部，八股命题少不得《论语》，读书人要做官，一般非经过科举不行；《四书》，尤其是《论语》，便成为读书做官的敲门砖。如此经过将近六百年，足见它影响之大且深。

纵是科举废了，《论语》还是读书人经常诵读的书。既不是敲门砖了，为什么这书还有不少人读它呢？一则二千多年来便把它看成必读书，旧的习惯势力难以肃清。二则《论语》本身也有较为广泛的用途和较大的价值，它是研究中国思想史、文化史、教育史的必读书，所以直到今天，还是很重要的一部古籍。三则，古人喜欢引用《论语》，把《论语》读懂了，阅读理解古书自然较为方便。

三、孔子和他的思想及贡献

孔子名丘，一说生于公元前551年（《公羊传》和《穀梁传》），一说生于公元前550年（《史记·孔子世家》）；死于公元前479年，享年七十二。

他出生于宋国贵族，他曾祖防叔因避祸由宋逃到鲁国，便成为鲁国人。他父亲名纥，字叔梁，做过鲁国陬（zōu）邑的地方长官。孔子出生不久，父亲死了，家庭也贫困了，不得不做各种杂活，一则赡养寡母，一则自己生活。他做过仓库保管员，也做过牲畜管理员，都很负责任（《孟子·万章篇下》）。最后做到鲁国的大司寇（《史记·孔子世家》），那是"卿"的高位了。他到处学习，不懂就问，所以见闻广博。一生得意时少，失意时多；晚年便专门一面整理古籍，一面讲学传授学术。他是中国私人讲学的第一人，也是传播古代文化的第一人，中国古代文化的流传以至后来的扩大和发展，不能不归功于孔子。

孔子的思想，渊源于殷商以及西周、东周的社会思想潮流，更多地是接受了春秋时代一些思想家、政治家的言行，如郑国的子产、齐国的晏婴等人。春秋时代重视"礼"，认为"礼"是"天之经也，地之义也，民之行也"（《左传·昭公二十五年》），孔子却改以"仁"为核心，认为没有"仁"，便谈不上"礼"（《论语·八佾》）。孔子对于"仁"有各种定义，概括说起来是"爱人"（《论语·颜渊》）。孔子所爱的"人"，是包括各个阶级、阶层的人，是一切具有生命的人。孔子头脑里未必意识到阶级的划分和矛盾，但在阶级社会里，有各种家庭出身、各种职业、受着不同待遇的人，这是客观存在，任何人不能视而不见。孔子的志愿是"老者安之，朋友信之，少者怀之"（《论语·公冶长》），而他所收留的学生，绝大多数出自下层，只有屈指可数的学生是出自上层。孔子自己也是没落贵族，由此可见孔子心目中并不存在阶级歧视。

孔子自三十岁招收学生，一直到老，"学而不厌，诲人不倦"（《论语·述而》），因此博得学生的无限爱戴。他死后，许多学生在他墓侧结茅屋居住，有的住三年，相传子贡住了六年。他早期的学生，如子路、冉有、子贡，跟着他奔走四方，为救世而斗争。他晚期的学生，如子游、子夏、子张、曾参，便接受他讲学带徒的衣钵。中国古代文化的传播，他晚期学生也作了一定的贡献。

孔子自己说他研究《诗》、《书》、《礼》、《乐》、《易》、《春秋》六经（《庄子·天运篇》）。从《论语》看，他经常谈《诗》。《诗》就是今天的《诗经》，是古代诗歌总集，有庙堂之诗，有卿大夫的诗，有民歌。时代从西周到春秋中叶。孔子曾经整理过《诗》，见《论语·子罕篇》。《书》是《尚书》，又称《书经》，是古代历史资料汇编，孔子曾引用它，见《论语·为政篇》。《礼》，当孔子时或许有书，但现今流传的《礼》，即《仪礼》，则出自孔子的讲授。《乐》只是曲谱，早已亡佚，但孔子不仅是音乐爱好者，很可能十分内行。《易》，也叫《周易》或《易经》，当孔子时，只有《卦辞》和《爻辞》作占筮用，孔子曾经引用它。《春秋》是鲁国史书，孔子曾经采它作近代史和当代史的教本。孔子整理和传授古代文献的情形大概如此。

孔子的教育方法也值得一提。他不分地位高下，报酬厚薄，只要学生拿十条干肉的拜师礼品，便教导他（《论语·述而》）。他因材施教，深刻了解每个学生的资质、性情、能力、爱好的不同，所以同一个问题，孔子的答话因人而异，甚至相反（《论语·先进》）。师生间的相处有时好比父子（《论语·先进》）。学生平日的言行，他能深入了解，譬如他说颜回（他最喜欢的学生），平日听讲，只听不提问，好象笨伯，回去后，却能发挥，并不愚笨（《论语·为政》）。从所有古籍看，孔子教学生，一般用启发式方法。当然，那是个别教育，不同于今天的上大课，但今天的灌注式的方法是否能有所改变或补充呢？

四、怎样看待和阅读《论语》

现在我们早已不把《论语》看成"圣经"，纵把孔子看成"圣人"，那也是封建社会初期的"圣人"。今天我们把《论语》看成研究孔子和孔门、孔学的最可信的资料，也作为研究中国社会史、思想史、教育史、文化史的资料，分析它，批判地继承它。

古往今来关于《论语》的书很多，总计三千多种。在《论语》一部书里，因为言辞简略，词义含混，更给人以歪曲的可能。加上自两汉以来，引用《论语》来证明自己的意见，经常"断章取义"，不顾本真。这种办法最易发展，于是孔子本人和他的学说便曾被各式各样的人利用过。他们不惜曲解《论语》，用自己的学说来附会它。例如宋朝的唯心主义者陆九渊（1139—1193年）曾公开地说"六经注我"（《象山全集》卷三十四）。所谓"六经注我"，就是六经做我主张的注脚。无怪《论语》一部书曾被各式各样的人作过不适当的评价，也被各式各样的人作了不同程度的歪曲。我们要正确地了解《论语》，还它以本来面目，由此而正确地评价孔子，给以恰如其分的历史地位，首先要扫清二千多年来积累的妨碍我们视线的障蔽，并且把孔子本人在历史上所发生的作用和他曾被人利用因而在历史上发生的不同作用区别开来。要实事求是地探讨《论语》原文的本义，用马列主义的观点和思想方法——历史唯物主义和辩证唯物主义——去分析它，批判它。

要研究《论语》，初步可以看杨伯峻的《论语译注》。以下几种书，仍然有参考价值：

（1）《论语注疏》——魏何晏（190—249）集解、宋邢昺（932—988）疏。《十三经注疏》本较方便，因为有阮元的《校勘记》。

（2）《论语集注》——宋朱熹（1130—1200）著。朱熹虽然是理学家，但对注解《论语》却花了很大工夫，并注意训诂。

（3）《论语正义》——清刘宝楠（1791—1855）、刘恭冕（1821—1880）父子合著。

（4）《论语集释》——近人程树德著，搜集材料相当丰富。

（5）《论语疏证》——近人杨树达（1885—1956）著。这书把三国以前所有征引《论语》或者和《论语》的有关资料都依《论语》原文疏列，有时加按语，说明自己看法。

《孟子》

一、《孟子》内容和作者

　　《孟子》是记述孟轲言行以及他和当时人或门弟子互相问答的书。

　　《孟子》和《论语》有相同处，有相异处。

　　《孟子》各篇，没有有意义的题目，如《墨子》"尚贤""非攻"、《庄子》"逍遥游""齐物论"之类，只是撮取篇首二三个字为篇题。这一点和《论语》完全相同。《孟子》每篇之中有若干章，章和章之间没有什么逻辑联系，各自为章，也和《论语》完全相同。两汉人把《论语》看成"传记"，也把《孟子》看成"传记"，如《汉书·刘向传》引"传"曰"圣人者出，其间必有名世者"，"其间必有名世者"一句见于《孟子·公孙丑下》；《后汉书·梁冀传》引"传"曰"以天下与人易，为天下得人难"，这二句见《孟子·滕文公上》；《说文解字》引《孟子·梁惠王下》"箪食壶浆"，也称"传曰"。如此者不少。这是第三点相同处。汉文帝时曾设立传记博士，《论语》、《孟子》都是"传记博士"之一，这是第四点相同。《论语·尧曰》篇记载尧、舜、禹、汤、文王、武王的话，最后又述孔子的政治主张，这是所谓"道统"的最早记载。《孟子》最后一章（在《尽心下》）述孟子的话也是从尧、舜至汤，再从文王到孔子，最后落到自己。这是有其缘故的，是"道统"的再申述。这是《论语》《孟子》的第五点相同。

《论语》一书，经常为汉人引用，《孟子》也是如此，《盐铁论》中的贤良文学对丞相御史多用《孟子》语；《汉书·邹阳传》引其说王长君"夫仁人之于兄弟无臧（藏）怒，无宿怨"，本于《孟子·万章上》；《汉书·兒宽传》叙兒宽对汉武帝问，有"金声而玉振之"一语即用《孟子·万章下》。无怪乎在两汉时《孟子》地位仅次于《论语》，为诸子之冠冕。但它和《论语》有不同处：

第一，《论语》讲孔子容貌动作相当详细，尤其《乡党》一篇；而《孟子》全书仅记孟子言语和出处。第二，《论语》记到孔子再传弟子，如曾参死时召门弟子（《论语·泰伯》），又如"子夏之门人小子"（《论语·子张》）；《孟子》仅记孟子和他弟子相问答，不涉及学生的学生。第三，《论语》记孔门弟子仅仅几个人称"子"，如"曾子""有子"，而《孟子》则除万章、公孙丑少数人外，多称"子"，如"乐正子""公都子""屋庐子""孟仲子"之类。

因为有这几点相同和不同，便可以作出这样的结论：《孟子》仿《论语》而作，但《论语》编纂于孔子再传弟子之手，《孟子》大概是万章、公孙丑二人所记，对同学辈称"子"，对自己不称"子"，全书文章风格一致，可能经过孟子亲自润色。至于对当时诸侯都称谥，尤其是鲁平公，死于梁惠王元年之后七十七年，孟子初见梁惠王，惠王就称他为"叟"（老先生），鲁平公一定死于孟子后。不但鲁平公死于孟子后，梁襄王也死在孟子后，就是齐宣王，也可能比孟子晚死三两年，这些诸侯的谥，大概是孟轲门徒追加或追改的。《史记·孟子列传》说："是以所如者不合，退而与万章之徒序《诗》《书》，述仲尼之意，作《孟子》七篇"，这话是大体可信的。

《孟子》七篇是：《梁惠王》、《公孙丑》、《滕文公》、《离娄》、《万章》、《告子》、《尽心》。后汉赵岐作《孟子章句》，把每篇分为上、下，则七篇共十四卷。

二、孟子生平

孟子是孔子以后儒家一大派，对后代的影响很大，因此应该知道他。

孟子名轲，大概生于周安王十七年（公元前385年），死于周赧（nǎn）王十一年（公元前304年），活到八十多岁。他是邹国人，即今天山东邹县东南郊。相传他幼小时死了父亲，他母亲为着教育他，有"三迁"和"断机"的事（见《列女传》）。

孟子出生时，距离孔丘的死将近一百年，不但看不见孔丘的学生，连孔丘的孙子子思、曾孙子上都赶不上。孟子所从师的可能是一位不著名的儒者，因此他自己说："予未得为孔子徒也，予私淑诸人也。"（《孟子·万章下》）

孟子学成以后，便出游齐、魏、滕等国，向当时诸侯讲"仁义"，讲统一天下的方法，讲治国的政策。可是当时诸侯只是表面尊敬他，心里却认为他的那一套"迂阔"，不切合实际。他首先说齐威王，碰了钉子，便去游说宋王偃，也不得意，曾和滕定公的太子，就是不久后继承君位的滕文公相见，仍然回到家乡。后来又到鲁国，鲁平公要来拜访孟子，却被人破坏。

滕文公即位，孟子来到滕国。可惜滕国太小太弱了，而且滕国的大臣多半是消极无所作为的人，孟子也年近七十，到了梁国。梁国就是魏国，因为国都由旧都安邑（今山西夏县西北）迁到大梁（今河南开封市），所以又称梁国。孟子同梁惠王和他儿子梁襄王都先后相见，可惜梁惠王不听信他；梁襄王呢，孟子有些厌恶和轻视他，所以，孟子离开梁国，又到齐国。这时正当齐宣王之世，齐宣王不用孟子的计谋。孟子离开齐国，已经七十多岁了，从此不再出外游说，和他的学生万章、公孙丑之流著述《孟子》七篇。

三、孟子的学说

孟子以孔子的嫡传和继承人自任，他的学说基本上和孔子相同，甚至有些地方比孔子还拘泥；但也有比孔子进步处，这是由于孔子所处是春秋晚年，孟子所处已进入战国，时移世异，自应有所不同。

《论语·尧曰》篇是孔子的政论大纲，先引尧、舜、禹、汤、周，然后说出自己的施政纲领，足见孔子是以唐尧、虞舜、夏禹、商汤、周文、武，和周公为"先圣"，而自己是继承他们衣钵的。从今天的历史观看来，唐尧、虞舜只是传说中的人物，纵有其人，也只是原始社会已经解体之际，部落联盟的大酋长。夏禹以后，由大酋长的推选制度改变为世袭制。夏、商二代已经进入奴隶社会。儒家粉饰历史，也粉饰历史人物。《论语·尧曰》篇已经是后代"道统"的先兆，《孟子》的最后一段说得更明白，尧舜至汤，汤至文王，再至孔子；孔子而后，便是自己了。

这一"道统"，到唐朝韩愈便自认他是遥接孟轲的了（韩愈:《原道》）。

孔子讲"仁义"，孟子也讲"仁义"。孔子把"仁义"和"利"绝对对立，孟子也如此主张，这是他们的相同处。但是孔子只说"性相近"（《论语·阳货》），孟子却一口咬定"性无有不善"（《孟子·告子上》）。孔子还说:"微管仲，吾其被（披）发、左衽（衣衿向左开）矣。"（《论语·宪问》）甚至称管仲"如其仁，如其仁"，意思是，这就是他的仁德（《论语·宪问》），孟子却非常轻视管仲（见《孟子·公孙丑上》）。孔子也曾几次讲到齐桓公，还有一次评论了晋文公（《论语·宪问》），孟子却硬说:"仲尼之徒无道桓（齐桓公）文（晋文公）之事者"（《孟子·梁惠王下》）。孔子不讲井田，孟子却想复古，欣然替滕文公设计井田规划（《孟子·滕文公上》）。这些是孟子的拘泥处。

孟子比孔子有进步的地方，主要是以民为重和君臣关系。这些，一则由于时代的进步，二则由于孟子"兼善天下"思想的扩张运用。孔子讲君臣关系，最多只是说:"君使臣以礼，臣事君以忠。"（《论语·八佾》）而孟子则说:"君之视臣如手足，则臣视君如腹心;君之视臣如犬马，则臣视君如国人;君之视臣如土芥，则臣视君如寇雠。"（《孟子·离娄下》）孟子甚至答复邹穆公说:"出乎尔者，反乎尔者也。"（《孟子·梁惠王下》）意思就是，你怎样对待人，人就照样回报你。君臣关系如此，君民关系更如此，没有单方面要求人家怎样怎样的。孟子而且更进一步说，"民为贵，社稷次之，君为轻"（《孟子·尽心下》）。这是当时极可贵的民贵君轻论。

孔子不大相信鬼神，他的学生说，他不谈"神"（《论语·述而》），但《论语》一书中，只一万二千多字，却出现"神"字十七次，"鬼"字五次。《孟子》一书，共三万五千多字，几乎多于《论语》二倍，竟没有一次"鬼"字，只有一次"百神"字。孔子可能是无神论者，孟子真正是无神论者。

孟子和孔子一样，"六合之外，圣人存而不论"（《庄子·齐物论》）。他们所谈的，基本上是治国、平天下的主张。但孔子也谈到历法，因为历法关系民生。孔子主张"行夏之时"（《论语·卫灵公》）。什么叫"行夏之时"呢？古人认为历法有"三正"，通行于夏、商、周三代。夏代以建寅之月（含"立春"之月）为一年的第一月（岁首），商代以建丑之月（今农历十二月）为岁首，周代以建子之月（含"冬至"之月，即今农历十一月）为岁首。其实，这未必是夏、商、周三个朝代的不同历法，仅仅是春秋时代三个民族地区的不同历法。晋国是夏墟，行的是以建寅之月为正月（岁首）的历法；宋国是商墟，行的是以建丑之月为正月的历法；周朝以及鲁国行的是以建子之月为正月的历法。当然，建寅的历法，正月一般是立春之月，春、夏、秋、冬四时合于农时，便于农活，就在春秋以及西周，民间都行此种历法，所以孔子说"行夏之时"。孟子更懂得历法。他说过："天之高也，星辰之远也，苟求其故，千岁之日至，可坐而致也。"（《孟子·离娄下》）"故"是"所以然"的意思，用现代术语说，是客观规律。天极高，星辰极远，只要知道他们运行的规律，今后一千年的冬至日，可以坐着计算出来。孟子论治水，也说一定要遵循水的规律。遵循水的规律，便用不着穿凿附会、自以为是的聪明智慧了。这是孟子的进步处，也是他的唯物主义的表现。

但是一谈到"性善"、"行仁政"等等，孟子便陷入唯心主义的泥沼而不能自拔。讨论人性和对待自然物不同，尤其和对待天体运动不同。孟子却等同起来，说什么"天下之言性也，则故而已矣。故者以利（顺利）为本"云云（《孟子·离娄下》）。这话是说："天下的讨论人性，只要能推求其所以然便行了。推求其所以然，基础在于顺其自然之理。"一切事物都有其"所以然"，都应该"顺其自然之理"。然而"自然之理"不是一时一人所能完全掌握的。不但天体运动如此，人的属性更是如此。"人性"不但有自然因素，还有更多的社会因素，尤其不能不打上阶级烙印。在生理学、心理学、社会科学没有发达，甚至尚未成为学科的时代，孟子一定要把人性和水比附，说什么"人性之善也，犹水之就下也。人无有不善，水无有不下"（《孟子·告子上》），这叫做瞎比附。如果性恶论依样画葫芦地说："人性之恶也，犹水之就下也"，孟子怎么回答呢？

孟子还有一套外推术的形而上学的方法论。

他说，有人突然看到一个小孩要跌下井去，都有惊骇而同情的心情。这心情便是自然产生的。同情之心是"仁"的萌芽，羞耻之心是"义"的萌芽，推让之心是"礼"的萌芽，是非之心是"智"的萌芽（节译自《孟子·公孙丑上》）。由看见小孩将掉下井的惊骇同情的心情，推而断定人人都有同情之心，又推而人人都有仁、义、礼、智的萌芽。然后又向外推以至于"万物皆备于我矣"（《孟子·尽心下》）。这种外推术，可以不要任何论证，便随心所欲地引导出自己的结论，无怪乎"外人"（孟子和孟子徒弟以外的人）都说孟子"好辨"（《孟子·滕文公上》）了。

不知道是孟子这样的思想方法——比附和外推——导致

孟子在论有关上层建筑范围的事物陷入唯心主义呢，还是孟子的唯心主义导致他采取这种诡辩术呢？总而言之，唯心主义和形而上学的比附以及外推的思维术，在孟子学说上，是结成不解缘的。

四、孟子的悲剧和闹剧

孟子一生不得志，主要是他自取的。他把事物分为两类，一类是本身有的，即内在的；一类是外在的。本身有的，如仁义礼智，"求则得之，舍（捨）则失之"，这是求而有益于得的。外在的，如富贵利达，这是求而未必能得的（《孟子·尽心上》）。因此孟子虽然极想"达则兼善天下"（《孟子·尽心上》），却不肯考察当时天下形势已容不得他执行复古的井田制；诸侯讲富国强兵以及合从连衡唯恐不足，更听不得"善战者服上刑，连诸侯者次之，辟草莱、任土地者次之"（《孟子·离娄下》）的议论。无怪乎纵是逞其口舌，终不能说动诸侯，退而著书了事。和孟子出生稍后的商鞅，却在孟子尚未老迈之年，得行其法于秦，使秦孝公奠定富国强兵的基础。虽然死得很惨，但他那一套主张，仍然未被废除，终于导致秦始皇统一天下。商鞅是唯物主义者，孟子是唯心主义者，这或许是他们成败的关键之一罢。

孟子虽然被称为"亚圣"（始于元顺帝至顺元年，公元1330年，定于明世宗嘉靖九年，1530年），在孔庙里陪着孔丘吃冷猪肉（当时叫"配享"），但到明太祖洪武四年（1371），朱元璋却对孟子的重民思想极不高兴，甚至说："这老头儿要活到今天，非严办不可。"洪武二十七年（1394）叫人把《孟子》所有有关重民思想的章节全行删去，书名《孟子节文》，连所引《汤誓》"时日害丧？予及女偕亡"（《孟子·梁惠王上》）都删去了。共计删除八十五条，并且不准士人学习这些被删去的章节，更不准用它作考试题目。有一段时间，还把孟子牌位逐出孔庙，经人劝说才得恢复。这固然不能说是孟子的悲剧，反而反映他所以遭专制魔王的迫害，更觉得他重民思想的可贵。这只是孟子身后的一幕闹剧罢了。

　　《孟子》文字比较容易懂，而且文章也好，流畅之极。古代孔子学派，孟轲和荀卿并称。荀子对后代学术的影响和贡献都比孟子大（见汪中《述学·荀卿子通论》），文章逻辑性也比孟子细密，只是文章气势没有《孟子》雄伟，因之清代以前都称道《孟子》。现今读《孟子》，可以先看杨伯峻《孟子译注》，由赵岐的《孟子注》孙奭的《疏》组成的《孟子注疏》和清焦循的《孟子正义》都可供参考。

再说《论语》和《孟子》

一、《论语》

《论语》是记载孔子言语行为和与他弟子相问答以及他弟子言语行为并互相问答，甚至有再传弟子言语的一部书。

孔子在当时便被称为圣人（见《子罕篇》），他是古代文献的整理者和传授者，他自己"学而不厌，诲人不倦"（《述而篇》），他和他学生相处，犹如古代父子之间的相处，所以他不少言语行为都被流传甚至记载下来。记载的人，有可以窥测到的，如琴牢有一条（牢曰："子云：'吾不试，故艺。'"——《子罕篇》），原宪有一条（宪问耻。子曰："邦有道，谷；邦无道，谷，耻也。"——《宪问篇》）。《论语》载孔子弟子，都是自己称名，别人称字。这里去姓称名，和《论语》一般体例不合，由此推论这二条是琴牢、原宪自己的笔墨。还有再传弟子的笔墨，如《子张篇》载"子夏之门人，问交于子张"一段，显然是子夏或子张的门人所记载。又如《先进篇》，一载"子曰，孝哉闵子骞"，不称闵损，而称其字，不合孔子对弟子呼名之例；又载"闵子侍侧，訚（yín）訚如也；子路，行行如也；冉有、子贡，侃侃如也。"独对闵子骞称闵子，也似乎出乎闵损弟子之手，以尊其师。所以《论语》一书，有不同人甚至不同时代的笔墨。究竟是谁把它们纂辑起来的呢？很大可能是曾参的弟子：

第一，《论语》一书，不但对曾参无一处不称"子"，而且记载他的言行和孔子其他弟子比较起来为最多，也最为突出，并且详细记载他临死时对弟子的话。

第二，在孔子弟子中，曾参最年轻，而记载着他将死前对孟敬子的一段话。孟敬子是鲁大夫孟武伯儿子仲孙捷的谥号。假定曾参死在鲁元公元年，即周考王五年，公元前436年，则孟敬子之死更在其后。孟敬子的年岁已难考定，但《礼记·檀弓下》记载着当鲁悼公死时孟敬子对答季昭子的一番话，可见当曾参年近七十之时，孟敬子已是鲁国执政大臣之一，则曾参临终的话为曾的弟子所记无疑。《论语》所记人物和事实，此为最晚。那么，《论语》的编纂者或者就是曾参的学生。

《论语》的着笔当开始于春秋末期，成书却在战国初期。这个推定，大概是接近于历史事实的。

《论语》之名，最初见于《礼记·坊记》，而汉朝人引《论语》，或单称《论》，或单称《语》，或别称《传》，或别称《记》，甚至非孔子语亦称"孔子云"。唯《韩诗外传》卷六引《论语》曰。据《汉书·艺文志》，《论语》有三种不同版本，一为《鲁论》二十篇；一为《齐论》二十二篇，多出《问王》（或云是问玉）和《知道》两篇；一为《古论》二十一篇，有两个《子张篇》。《鲁论》和《齐论》各有师传，到西汉末年，安昌侯张禹先学习了《鲁论》，又讲习《齐论》，于是以《鲁论》为主，采取一点《齐论》，号为《张侯论》。张禹是汉成帝的师傅，当时很受尊重，后汉灵帝时所刻《熹平石经》，就是用的《张侯论》。郑玄为《论语》作注，也以《张侯论》作依据，但参照《齐论》、《古论》。在残存的郑玄《论语注》中，还可以略略窥见鲁、齐、古三种《论语》的异同。我们今天所读的《论语》也就是《张侯论》。

《论语》自西汉以来便成为必读书，尤其自元明清以来，科举必取《论语》、《孟子》、《大学》、《中庸》四书。朱熹的《四书集注》中语句命题，更是一般士子要读得滚瓜烂熟的书。我们也把它作为重要古籍之一，因为孔子是中国古代重要人物，要研究中国古代政治、文化、文献，都必须先研究孔子，就必须以《论语》为主要依据。

孔子原先的志向是想救世，要使"老者安之，朋友信之，少者怀之"（《公冶长篇》），故而奔走于齐、鲁、卫、陈、蔡、宋诸国，唯在鲁国做了较大的官，做了几件合于己意的事，如做鲁司寇时，使昭公的墓穴在鲁先君墓域内，见《左传》定公元年；相鲁定公会齐景公于夹谷（今山东莱芜县夹谷峪），使齐侯归还汶阳田（见《左传》定公十年），使叔孙氏毁坏其根据地郈（hòu）邑，季氏毁坏费邑。但和老安少怀的大志相距太远。晚年从卫国回到鲁国，鲁国以"国老"对待孔子，实际并不听信他。他一面教学，一面整理古代文献，这是孔子于中国文化最大的贡献。

孔子平日教学生的是礼、乐、射、御、书、数。这些东西是否有课本，无从考定。孔子曾经学过《易》。《易》本是古代卜卦的书，孔子却把它作哲学书读，并反对占卜。也引过《书》。《书》是古代文献的汇编，孔子教授古代史，必然用它。孔子尤其喜爱《诗》，几次劝说学生和儿子学《诗》，并且讲了学《诗》的许多好处。《春秋》和孔子也不无关系，至少孔子把他作为近代和现代史教本。至于说《春秋》是孔子所修，孟轲甚至说是孔子所作，未必可信。《仪礼》，根据《礼记·杂记下》，可能也是由孔子传授下来的。那么，《易》《书》《诗》、《礼》《春秋》都经过孔子，然后流传。

孔子的思想中心是仁，仁的具体是忠恕。忠，用孔子的话说，是"己欲立而立人，己欲达而达人"（《雍也篇》）；恕则是"己所不欲，勿施于人"（《卫灵公篇》）。孔子是积极谋拯救、改革社会的，有人说他"知其不可而为之"（《宪问篇》）。他说："士而怀居，不足以为士矣。"（《宪问篇》）又说："士志于道，而耻恶衣恶食者，未足与议也。"（《里仁篇》）他重视社会实践，他收留很多学生，前一批学生中，不少人跟随他周游，因此也做官，如子路、冉有、子贡等人，《左传》记载有他们的事迹。后一批人，则传授文献，如曾参、子夏等。《庄子·齐物论》说："六合之外，圣人存而不论。"这圣人就是孔子，所以孔子"不语怪、力、乱、神"（《述而篇》）。子贡也说："夫子之文章，可得而闻也；夫子之言性与天道，不可得而闻也。"（《公冶长篇》）子路问事神，孔子答道："未能事人，焉能事鬼？"又问死，孔子说："未知生，焉知死？"（《先进篇》）所以他患重病时，拒绝祈祷（《述而篇》）。孔子"祭如在，祭神如神在"（《八佾篇》）。从这"如"字，便可以知道孔子并不相信鬼神真存在。

孔子的教育方法也值得一提，他因材施教。子路和冉有都问："闻斯行诸？"孔子答复子路是："有父兄在，如之何其闻斯行之？"答复冉有则是"闻斯行之"。因为子路过于勇敢，要压压他；冉有做事退缩，便要鼓他勇气（《先进篇》）。他又说："不愤，不启；不悱（fěi），不发。"（《述而篇》）这种启发式的教育方式应该说比灌输式要好。

二、《孟子》

孟子，名轲，其字不详，后汉赵岐注《孟子》说"未闻"，三国魏徐幹的《中论序》也不提及，王肃《圣证论》却说他字子车，晋傅玄的《傅子》说字子舆，都不可信。西汉韩婴的《韩诗外传》卷九载有他母亲为他"断织"、"买东家豚肉"以及"不敢去妇"一些故事，刘向《列女传》卷一还有他母亲为他"三迁"、"去齐"等故事，可见他很得力于母亲的教导。

孟子的生卒年，古今有各种推断，较为合理的是，生于周安王十七年，即公元前385年前后；卒于周赧王十一年，即公元前304年前后。《列女传》和赵岐《孟子题辞》都说他的老师是孔子之孙子思，但子思的父亲伯鱼先孔子而死（《论语·先进篇》："鲤也死，有棺而无椁"。）这时子思至少是十岁，纵子思活到八十二岁，也距离孟子之生十多年。孟子自己说："予未得为孔子徒也，予私淑诸人也。"（《离娄篇下》）假若他果真是子思或者子思之子子上的门徒，不会不说出老师的名字。

孟子的学说，不但全盘接受了孔子的思想，而且还有发展。孔子虽然"不语神"，《论语》却有五次鬼字，十七次神字。《孟子》篇幅比《论语》多一倍多，却没有一个鬼字，神作天神讲的仅仅一次，即《万章篇上》"使之主祭而百神享之"。何况所谓天和神，仍然是民，所以孟子最后说："天视自我民视，天听自我民听。"孟子的确是位无神论者。

孟子重视客观规律，他说："天之高也，星辰之远也，苟求其故，千岁之日至，可坐而致也。"（《离娄篇下》）因此他厌恶主观穿凿："所恶于智者，为其凿也。如智者若禹之行水也，则无恶于智矣。"（《离娄篇下》）

孟子又有很丰富的重民思想，他曾说过："民为贵，社稷次之，君为轻。"（《尽心篇下》）因此主张"贵戚之卿"可以废弃，有大过而不听谏言之君王改立别人（《万章篇下》）。君臣之间，孔子说"君使臣以礼，臣事君以忠"（《八佾篇》）；孟子却更开明，说："君之视臣如手足，则臣视君如腹心；君之视臣如犬马，则臣视君如国人；君之视臣如土芥，则臣视君如寇仇。"（《离娄篇下》）

很多人说孟子是唯心主义者，我以为那是对孟子的误解。孟子曾说过"万物皆备于我矣"（《尽心篇上》），他所谓的万物是"求则得之"的仁、义、礼、智。孟子说性善，只是说有善的萌芽，可以为善，因此说"求则得之，舍（捨）则失之"（《告子篇上》，又《尽心篇上》），至于本身之外的东西，则"求之有道，得之有命"（《尽心篇上》）。孟子讲命，并不是宿命论者，从他下面的话可以知道："是故知命者不立乎岩墙之下。尽其道而死者，正命也；桎梏死者，非正命也。"（《尽心上》）孟子曾给"天"和"命"下了一个定义："莫之为而为者，天也；莫之致而至者，命也。"（《万章上》）天和命并没有主宰者，也不知道是什么力量，用现代话说，可以叫偶然性。社会上有许多偶然性，越是不发达的社会，偶然性越大。固然，偶然和必然是互相纠缠而互相体现的，必然性通过偶然性而体现出来。古人认为死生有命，但还认为不能立于岩墙之下。胡作非为而死的那不能说是知命；唯有一切依理而行，才叫做知命。这是孟子的命运论，而不是宿命论。

《论语》和《孟子》二书，有相同处，有相异处。

相同处是：（一）每篇都没有中心意思，不但各篇之间没有逻辑联系，即一篇之内，各章之间也很少联系。每篇题目只是摘取开头两三个字为之。（二）《论语》最后一篇即《尧曰篇》，有点道统味道，尧、舜、禹、汤、周之后再叙孔子的政治主张。孟子最后一段也是尧、舜、禹、汤、文王、孔子，最后虽然没有继承之传道者，却自己隐然以道统之继承人自居。韩愈作《原道》便因此说："尧以是传之舜，舜以是传之禹，禹以是传之汤，汤以是传之文武周公，文武周公传之孔子，孔子传之孟轲。轲之死，不得其传焉。"韩愈也隐然以传孔孟之道者自居。道统之说，由孔门开其端，而明确于韩愈。（三）《汉书·艺文志》把《论语》列入《六艺略》，却把《孟子》列入《诸子略》，可是在汉人心目中把《论》、《孟》同样看作辅翼"经书"的"传"。汉文帝把《论语》、《孝经》、《孟子》、《尔雅》各置博士，叫做"传记博士"。王充《论衡·对作篇》说："杨、墨之学不乱儒义，则孟子之传不造"。更可以为证的是，两汉人引《论》、《孟》多称为"传曰"，无怪乎赵岐既把《论语》看成是"《五经》之锟镥（ guǎn xiá ），六艺之喉衿"（《孟子题辞》），又把《孟子》说是"拟《论语》而作"，自然《孟子》不同于《墨子》、《荀子》了。

其不同处是：（一）《论语》记载孔子容貌很详尽，《孟子》却没有一字说及《孟轲》容貌的。因此，（二）《论语》肯定是孔门弟子甚至再传弟子所记，《孟子》或者是自己所记，最多不过是公孙丑、万章几个学生有所参加或修补。朱熹曾说："《论语》多弟子所集，故言语时有长长短短不类处。《孟子》疑自著之书，故首尾文字一体，无些子瑕疵。不是自下乎，安得如此好？"又说："观七篇笔势如镕铸而成，非缀缉可就。"还说："恐亦其徒所记，孟子必曾略加删定也。"朱熹的话前后不大一致。但从文体（文章风格）看，《孟子》比《论语》一致。若说完全出于孟子之手，倒也未必。如"孟子道性善，言必称尧舜"，便不象孟子自己的手笔。又如梁襄王肯定死在孟子后，齐宣王也可能迟于孟子两三年才死，而都称谥，这是后孟子而死的学生所补改的。太史公说："退而与万章之徒……作《孟子》七篇"，基本可信。

如果大家希望读读《论》、《孟》，我认为无妨先读杨伯峻的《论语译注》和《孟子译注》。若要再进一步研究，对《论语》则可以看下列几种书：

（1）《论语注疏》——何晏集解，邢昺疏，在《十三经注疏》中。

（2）《论语集注》——朱熹著，在《四书集注》中。

（3）《论语正义》——清刘宝楠、恭冕父子共著。

（4）《论语集释》——近人程树德作，收集古今人说丰富。

（5）《论语疏证》——杨树达著，搜集了三国以前有关史料和解说。

关于《孟子》的：

（1）《孟子注疏》——后汉赵岐注，宋邵武士人伪托孙奭作疏。《疏》毫无价值，可以不看。

（2）《孟子正义》——清焦循著。

（3）《孟子集注》——朱熹注。

《孝经》

一、《孝经》内容

《孝经》虽然以"经"名书，实在不能和其他"经书"相比。它纯讲"孝道"，因此被历代皇帝所重视，用来劝老百姓"孝"，由"孝"以劝"忠"，由是得厕入《十三经》之林。今本《孝经》仅一千七百九十九字，分为十八章。这十八章是：

《开宗明义章第一》，讲"孝，德之本也"，又说："夫孝，始于事亲，中于事君，终于立身。"

《天子章第二》，讲"天子之孝"。

《诸侯章第三》，讲"诸侯之孝"。

《卿大夫章第四》，讲"卿大夫之孝"。

《士章第五》，讲"士之孝"。

《庶人章第六》，讲"庶人之孝"。

《三才章第七》，讲"孝，天之经也，地之义也，民之利也"。天、地、人是"三才"。

《孝治章第八》，讲"明王以孝治天下"。

《圣治章第九》，讲"圣人之德无以加于孝"。

《纪孝行章第十》，讲"孝子事亲"。

《五刑章第十一》，讲"五刑之属三千而罪莫大于不孝"。

《广要道章第十二》，讲"礼""乐"是广"孝"的"要道"。

《广至德章第十三》，讲教"孝""悌"和好好做臣属。

《广扬名章第十四》，讲"孝"可移于"忠君"顺长""治官"。

《谏诤章第十五》，讲要有"争臣""争友""争子"，使君上、父亲和朋友"不陷于不义"。

《盛应章第十六》，讲"孝""无所不通"。

《事君章第十七》，讲如何事君。

《丧亲章第十八》，讲孝子丧亲之道。

宋代理学家朱熹在《朱子语类》中曾经评论《孝经》：

> 《孝经》独篇首六七章为本经，其后皆传文；然皆齐、鲁间陋儒纂取《左氏》诸书之语为之。至有全不成文理处，传者又颇失其次第。

二、《孝经》的著者时代

《孝经》作者有几种说法：第一说是孔子。班固《汉书·艺文志》（实本于刘歆《七略》）说：

> 《孝经》者，孔子为曾子陈孝道也。

其后郑玄的《六艺论》也这么说，《孝经纬钩命诀》甚至引孔子的话说："吾志在《春秋》，行在《孝经》。"《援神契》更说得神奇："孔子制作《孝经》，使七十二子向北辰磬折。"《孝经》不是孔子所作，不待智者而后明，因为一翻《孝经》本书便会明白。孔子若作《孝经》，哪能称他的学生曾参为"曾子"，这是其一。《孝经》抄了孔子以后的一些书，如《左传》《孟子》

《荀子》，孔子怎能预见到他死后一两个世纪中某些人物会说某些话？此其二。《论语》是比较可信的孔丘言行录，《孝经》的论孝，便和《论语》的论孝大不相同，甚至有矛盾处，此其三。所以越到后代，这种主张的人便逐渐少了。

第二说是曾子所作，初见《史记·仲尼弟子列传》：

> 曾参，南武城人，字子舆，少孔子四十六岁。孔子以为能通孝道，故授之业，作《孝经》。死于鲁。

这一说法，在司马迁时，未受重视；到两晋以后，附和者渐多。但取《礼记》和《大戴礼记》曾子论孝诸事和《孝经》比较，相抵触者不少。如《孝经》主张"父有争子"，甚至说："故当不义则争之，从父之令（指不义之令）又焉得为孝乎？"而《大戴礼记·曾子事父母上篇》说："父母之行，中道（合理）则从。若不中道，则谏。谏而不用，行之如由己。从而不谏，非孝也。谏而不从，亦非孝也。孝子之谏，达善而不敢争辩。争辩者，作乱之所由兴也。"一个说不争就是不孝，一个说争辩是祸乱发动之源，究竟哪一说是曾子本意？何况《孝经》所用《孟子》、《荀子》诸语，曾子是不可能看到的。所以这一说也不足信。

第三说是曾子门人所作。这是宋朝人如胡寅（朱彝尊《经义考》引）、朱熹（《孝经刊误》）开其端，并无实证，只是想象之词。另外还有说是子思所作，只见于宋王应麟《困学纪闻》引冯椅说，尤不足论。

我们考察《孝经》的作者，一则当就与《孝经》有关的文献进行研究，一则尤其应该从《孝经》本身进行研究。

《吕氏春秋·察微篇》有下列一段话：

> 《孝经》曰：高而不危，所以长守贵也；满而不溢，

所以长守富也。富贵不离其身，然后能保其社稷，而和
　　其人民。

这一段和《孝经·诸侯章》文字全同。《吕氏春秋》明白地是引《孝经》，可见《孝经》出于吕不韦以前。

　　又《吕氏春秋·孝行览》：

　　　故爱其亲，不敢恶人；敬其亲，不敢慢人，爱敬尽
　　于事亲，光耀加于百姓，究于四海，此天子之孝也。

虽然没有说引自《孝经》，却和《孝经·天子章》只有个别字不同，可能也引自《孝经》。因之汪中《经义知新记》说：

　　　《孝行》《察微》二篇并引《孝经》，则《孝经》为先秦
　　古籍明。

蔡邕《明堂论》说："魏文侯撰《孝经传》。"似乎在魏文侯时，《孝经》已经流传。但《汉书·艺文志》不录这书，蔡邕所看到的《孝经传》未必是魏文侯所作。而且魏文侯是战国初期人，不可能看到《孟子》、《荀子》，而今天《孝经》袭用《孟子》、《荀子》就无法解释了。

　　《孝经》袭用《左传》的，如《左传·昭公二十五年》"夫礼，天之经也，地之义也，民之行也"几句，《孝经·三才章》全部照抄，只改"礼"为"孝"。又宣公十三年"进思进忠，退思补过"，《孝经·事君章》照抄。又襄公三十一年"进退可度，周旋可则，容止可观"等语，《孝经·圣治章》改为"作事可法，容止可观，进退可变度"。文公十八年"不度于善，而皆在于凶德"，《孝经·圣治章》仅改"度"为"在"。这些都是《孝经》作者袭用《左传》语句。其余如《孝经·谏诤篇》多袭用《荀子·子道篇》。至于《孝经》袭用《孟子》，虽不是字句全同，但撮

取大意，插入可用词句，痕迹显然，陈澧《东塾读书记》已经指出。未经他指出的还有不少。近人王正己说《孝经》为孟子门人所著（见《古史辨》第四册，王正己《孝经今考》），就是因为《孝经》多袭用《孟子》之故，但《孝经》未必是孟子门人所著。

从上面几段文字看，在秦始皇统一前，吕不韦集门客作《吕氏春秋》时，《孝经》已经流行，不然不会被引用。但又在《孟子》《荀子》流行以后，不然，无法袭用其文。孟轲约死于公元前285年，荀况约生于公元前313年，死于秦始皇即位前后不久，吕不韦集门客著书前，《吕氏春秋》著书开始于公元前240年，成于公元前239年，仅历二年而成，可见门客之多，抄撮之速，《孝经》自亦在取材之中。《孝经》之作，当在公元前三世纪期间。

三、所谓《古文孝经》

谈到《古文孝经》的有两家。一是《汉书·艺文志》：

> 武帝末，鲁恭王坏孔子宅，欲以广其官，而得古文《尚书》及《礼记》《孝经》《论语》，凡数十篇，皆古字也。

另一是许冲上其父许慎所著《说文表》：

> 《古文孝经》者，孝昭帝时，鲁国三老所献。

桓谭似乎看到过《古文孝经》，《新论》说：

> 《古孝经》一卷，二十章，千八百七十二字，今异者四百余字（《太平御览》608引，严可均《全后汉文》辑，《正经篇》）。

以上三说，互不相同：（一）《汉书·艺文志》说《古文孝经》在孔子家中屋壁内所发现，许冲说汉昭帝时为鲁国三老所献。（二）《汉书·艺文志》班固自注说，《古文孝经》分二十二章，而桓谭说只有二十章。

总之，关于《古文孝经》，《隋书·经籍志》是这样说的：

《古文孝经》一卷，孔安国传。梁末亡逸，今疑非古本。

这么一说，《古文孝经》早已不存在，今本《古文孝经》是伪造本。谁伪造的呢，隋文帝开皇十四年（594）由刘炫复得，上引《隋书·经籍志》便戳穿它是假货，至于所谓孔安国传更是伪品。还有所谓《孝经》郑玄注，也是不可信的。这些都不必啰嗦了。

四、《孝经》之受推尊

《孝经》一书，实在不值得去读它；但历代封建统治者便利用它为政治服务，以求达到他们历世相传的政治目的，因而历代都受推尊。《汉书·艺文志》说："汉文帝时，《论语》《孝经》皆置博士。""置博士"，便是在大学里设专科教授。而且汉代在儿童识字以后，《论语》《孝经》是必读书。汉代也提倡"孝"道，自惠帝以后，历代皇帝谥号前都加一"孝"字，如"孝惠帝""孝文帝""孝景帝""孝武帝""孝昭帝"等等。汉宣帝地节三年（公元前67年）还选疏广教授皇太子以《孝经》。这类情况，翻开历史书，便会发现不少。尤其可怪的，据《七录》，晋孝武帝有《总章馆孝经讲义一卷》。当然，以皇帝之尊，撰集注解《孝经》的，前有晋元帝的《孝经传》（已佚，见《经义考》），后有梁武帝的《孝经义疏十八卷》（《隋书·经籍志》，已佚），梁简文帝《孝经义疏》五卷（已佚，亦见《七录》）等。现在只谈东晋孝武帝这个人，他十岁死了父亲，便不哭丧，还说什么"哀至便哭"。他在位时，权臣桓温已死，政柄他一人掌握；其后谢安、谢石又大败苻坚于淝水，正是大有为之时，他却自己饮酒好色，又专任司马道子和王国宝一般龌龊小人，贪婪无厌，卖官鬻爵，流毒人民，结果被所宠爱的张贵人害死，甚至没有人来追究凶手。东晋因之日益衰颓，以后遂一蹶不振，还宣讲什么《孝经》(宁康三年重九日孝武帝曾亲自讲《孝经》)，作什么《孝经讲义》？由此可见，统治者之讲《孝经》，为《孝经》作解说，都不过是骗人的把戏罢了。现存《十三经注疏》中的《孝经注》是唐玄宗作的，宋邢昺作疏。因为《孝经》这部书，内容陈腐，文字浅陋，实在不值得一读。好在只有一千八百字，翻它一遍，半小时也就够了。

《列子》

一

  列子其人，在《庄子》书中屡次出现，有时尊称他为子列子，还专有《列御寇》一篇。"御寇"也作"御寇"或"圉寇"。御、御、圉三字古音全同，自然可以通假。这个人实有其人，因为提到他的不止《庄子》一书。然而《庄子·逍遥游》却把列子写成神仙：

    列子御风而行，泠然善也，旬有五日而后返。

  但同一《庄子》，在《让王篇》又说：

    子列子穷，容貌有饥色。

便又是凡人，要吃要喝。吃喝不够，面黄饥瘦。这自相矛盾的情况，倒并不是由于《庄子》全书非出于一人手笔，而是庄周把实际存在的人物寓言化。《庄子·天下篇》说"以寓言为广"，《寓言篇》说"寓言十九"。《庄子》把实际人物寓言化的例证很多，这只是其一。把列子神化，也许意在说明列子虽然是"有道之士"，能凭空飞翔，还有待于风，并非真能"逍遥游"。

  列子的学说近于庄周，在当时影响却未必很大很深，因为《庄子·天下篇》评论过墨翟、宋钘（xíng）、尹文、田骈、慎到、惠施等人，赞美了关尹、老聃，也叙述了自己，却不涉及列御寇。《荀子·非十二子篇》也不提列子，司马迁作《史记》更没有一字涉及列御寇，高似孙《子略》因此怀疑此人的存在，但论证还不足以使人信服。列子必有其人，其主张正如《庄子·应帝王》中所叙：

> 然后列子自以为未始学而归，三年不出。为其妻爨（cuàn），食豕如食人。于事无与亲，雕琢复朴，块然独以其形立。纷而封哉，一以是终。无为名尸，无为谋府，无为事任，无为知主。体尽无穷，而游无朕。尽其所受乎天，而无见得，亦虚而已。

《尔雅·释诂》邢昺《疏》引《尸子·广泽篇》及《吕氏春秋·不二篇》也都说"列子贵虚"，和《庄子》所说相合。看来这个列御寇心情上摆脱了人世的贵贱、名利种种羁绊，任其自然，把客观存在看作不存在，因之一切无所作为。《庄子》所叙，自有所本，未必是故意塑造。至于《战国策·韩策二》说史疾治列子圉寇之言而"贵正"，则近于儒家的正名，不可能认为是列子的正宗，只能估计是战国说客因列子已不被人所真知，假借其名，以为游说的招牌而已。

二

《汉书·艺文志》著录《列子》八篇，那是经过刘向、刘歆父子整理的，已不知在什么时候散失了。今天流传的《列子》八篇，肯定不是班固所著录的原书。据张湛在《序》中说，他所注释的《列子》，由他祖父在东晋初从外舅王宏、王弼等人家里发现，经过拼合、整理、校勘，"始得齐备"。而王宏、王弼家的书又属王粲旧藏。假若《博物志》的话可信，可能还是蔡邕旧藏，好像流传有绪。但过去许多学者却从反面看问题，认为张湛《序》是欲盖弥彰，作伪者就是张湛本人。我则同意另一部分人的意见，以为此书虽属伪书，而作伪者不是张湛。如果是张湛自作自注，那就应该和王肃伪作《孔子家语》又自作注解一样，没有不解和误解的地方。现在张湛注《列子》，有的地方说"未详其义"，有的简直注释错了。还有纠正正文之处，如《力命篇》说子产杀邓析，张《注》便据《左传》纠正它。还有批评正文处，如《杨朱篇》讥刺伯夷和展禽，张《注》便说它是"此诬贤负实之言"，由此也可见张湛思想和伪作《列子》者有所不同。此书伪作于张湛以前，张湛或者也是上当受骗者之一。马叙伦《列子伪书考》说：

> 盖《列子》晚出而早亡，魏、晋以来好事之徒聚敛《管子》、《晏子》、《论语》、《山海经》、《墨子》、《庄子》、《尸佼》、《韩非》、《吕氏春秋》、《韩诗外传》、《淮南》、《说苑》、《新序》、《新论》之言，附益晚说，假为向序以见重。

这是比较符合客观事实的论断。至于它所"聚敛"的原始材料，除了马氏所列举之外，还有一些当时所能看到而今已亡佚的古籍，例如《汤问》、《说符》的某些章节，既不见于今日所传先秦、两汉之书，也不是魏、晋人思想的反映，而且还经魏、晋人之手在文辞中用为典故，所以只能说作伪《列子》者袭用了别的古书的某些段落。至于所谓"附益晚说"，比较明显的例子是《周穆王篇》第一章，那是在汲冢书《穆天子传》被发现后写出的；《力命》、《杨朱》两篇更是晋人思想和言行的反映。也许作伪者自己感到需要弥缝，所以在那篇伪造的刘向《列子新书目录》中加以掩饰地说：

> 至于《力命篇》，一推分命；杨子之篇唯贵放逸。二义乖背，不似一家之书。

在我们知道《列子》是赝品之后，这几句话就颇有"此地无银"的味道了。

<h1 style="text-align:center">三</h1>

现在略谈我对《力命》、《杨朱》二篇的看法。

由于生产水平和阶级的局限性，古代人们不能科学地解释必然和偶然这两个哲学范畴。按照辩证唯物主义的认识，偶然中存在必然，而必然又通过偶然而表现。古代的唯心主义者认为偶然性的出现是一种非人类所能宰制的力量，即一种无可奈何的力量，这叫做命，也叫天命。唯心主义者说"死生有命，富贵在天"，唯物主义者说"人定胜天"。这个天、人之争，即是力、命之争，在魏晋六朝表现得相当激烈。试看《文选》所收的李康《运命篇》和《嵇康集》内的答张邈（辽叔）诸信，便可以窥测其大概。《力命篇》可以说是这一场斗争在寓言的外衣掩盖下的反映，作者的立场是唯心主义的。

至于《杨朱篇》的"唯贵放逸"，并不是战国时代那个杨朱的主张。先秦、两汉古籍中讲到杨朱的地方不多，粗略统计一下，仅有《孟子·滕文公下》、《尽心上、下》，《庄子·骈拇》、《胠箧》、《天地》、《徐无鬼》、《山木》，《韩非子·说林下》、《八说》，《吕氏春秋·不二》，《淮南子·俶真》和《泛论》，《说苑·权谋》,《法言·五百》和《吾子》,《论衡·对作》诸篇,而且所记多属一鳞半爪,不成体系。归纳起来,大致可以看出杨朱之学是"为我",就是《吕氏春秋》的"贵己"。所以《孟子》、《庄子》、《韩非子》、《淮南子》以及《论衡》诸书都以杨、墨并称,因为为我和兼爱两种主张正是一对尖锐的对立物。鲁迅在《魏晋风度及文章与药及酒之关系》中说:

> 诗文也是人事,既有诗,就可以知道于世事未能忘情。譬如墨子兼爱,杨子为我,墨子当然要著书,杨子就一定不著,这才是"为我"。因为若做出书来给别人看,便变成"为人"了。

《汉书·艺文志》也没有著录杨朱的任何著述,鲁迅的那段议论是极为精辟的。晋朝人不懂得这一点,硬要在《列子》中炮制《杨朱》一篇,画出一个他们心目中的杨朱,为自己的放荡和纵欲搜寻出理论根据。

既然《力命篇》和《杨朱篇》是玄学清谈和放荡纵欲的曲折反映,而并没有什么"二义乖背",就无妨把它们作为两晋风俗史和思想史的资料来看待。除此而外,列子还保存了一些可贵的古代材料。毛主席所讲的"愚公移山",就出自《列子·汤问篇》。《汤问篇》还讲到宇宙万物的原始,宇宙的无限,在一定程度上反映了那个时代对宇宙的认识所能达到的科学水平。有些小故事,在寓言中有深意,或者对某些人物有深刻讽刺,这都是应该说是这部书的价值所在。

略谈临沂银雀山汉墓出土的古代兵书残简

山东临沂银雀山在1972年出土了一批汉简。这批汉简的发现，对我国早期封建社会的历史，特别是思想史、军事史和古文字的研究很为重要，这是若干年来在文物考古工作领域中的一个重要的收获和胜利。本文仅就其中四部古代兵书残简，谈谈个人的一点看法。这四部古代兵书是《孙子兵法》（一○五枚），《孙膑兵法》（二三二枚），《六韬》（五四枚）和《尉缭子》（三六枚）。

《孙子兵法》

孙武是春秋末期齐国人，为吴王阖庐客卿，著有《孙子兵法》十三篇传于世，是我国古代著名的军事家。《史记·孙吴列传》上说："孙子武者，齐人也。以《兵法》见于吴王阖庐。阖庐曰：'子之十三篇，吾尽观之矣。'"《汉书·艺文志》又称"《吴孙子兵法》八十二卷，图九卷"。因此，后来有人对此提出了异议。最早是宋代叶适的《习学记言》，明、清两代也都有所争论，近人梁启超等亦为此喋喋不休。或者怀疑《孙子兵法》其书为真为伪；或者怀疑孙武其人为有为无；甚至怀疑孙武、孙膑为一人，非二人。

持异议者认为，《左传》不见孙武，可见孙武不是春秋时期的人。《左传》是春秋一代的重要史书，但不见得春秋一代的任何重要人物、重大事件都会在《左传》出现，除《左传》外，别无信史。《春秋》编者孔丘自己还曾讲："吾犹及史之阙文。"承认有所不载。孔子杀少正卯，也不见于《左传》，然而《荀子·宥坐》、韩婴《韩诗外传》、《汉书·刘向传》等明明都有记载，也难以说少正卯必无其人。宋濂《诸子辨》就说过："春秋时，列国之事赴告者则书于策，不然则否。二百四十二年之间，大国若秦、楚，小国若越、燕，其行事不见于经传者有矣，何独武哉？"又如各国间互相聘问，《春秋左传》记载的总共不过三十一次。齐五次，晋十一次，宋、卫各四次，陈、郑、秦、吴各一次，楚三次。难道在二百四十二年中，各国之间的交往仅仅这几次么？由此可见，不能因《左传》无孙武之名而说当时并无其人。他们提出这样的怀疑，一个重要的原因，还是尊孔崇儒，认为只有见于"经传"才算可靠的思想在那里作怪。

清初的孙星衍，在这个问题上，还不失为一个比较有眼光的人，他对《孙子兵法》有这样一段话："诸子之文皆由后世之门人小子撰述成书，惟此是其手定，且在列、庄、孟、荀之首，真古书也。"(《问字堂集》卷三《孙子略解序》，又见王昶《湖海文传》卷二八）

曹操作《孙子兵法序》(《太平御览》卷二七〇引）说："孙子……为吴王阖庐作《兵法》十三篇。"则此书是孙武见阖庐时所手定，十三篇应是全书。孙星衍又说："杜牧疑为魏武所删削者，谬也"(《孙渊如外集》卷三《重刻宋本孙子、吴子、司马法序》)。临沂汉简的发现，使孙星衍的结论得到了证实。竹简除《地形篇》外，所传各篇都有残简，字句和今本大同小异。篇题有"作战"、"形"、"势"等，亦和今本篇题相同。其实，《吕氏春秋·上德》高诱注早就说过："孙武者，吴王阖庐之将也，《兵法》五千言是也。"今本《孙子兵法》据孙诒让统计，实际字数是五千九百十三字（《札迻》卷一○），高诱在曹操以前，怎么能说曹操有删削呢？

《孙子兵法》残简虽仅存千余字，对于校订今本，是十分有益的。仅举一个例子：今本《虚实篇》：出其所不趋，趋其所不意。汉残简：出于所必（下缺），"必"下所缺自是"趋"字。今本作"不趋"，汉残简作"必趋"，两意相反，无论从理论上看，或者从旁证来看，汉残简是正确的。今本，纵是宋刊本（中华书局有影印本和排印本）、明刊本（即《四部丛刊》本）都作"不趋"，显然是错误的。理论上，上文是讲敌佚（逸）而我能劳之，我要先处战地以待敌，以逸待劳。则我出兵，是求敌人来犯。若敌人不趋，我岂不扑空？自应作"必趋"。旁证是：曹操注："攻其所必爱，出其所必趋。"李筌注："出其所必趋，击其所不意。"由此看来，魏、唐人所据本也作"必趋"。孙星衍校本（《岱南阁丛书》本，以后《诸子集成》本）也用它改"不"为"必"，是有理由的。由此也可见汉残简的可贵之处。

《孙膑兵法》

《孙膑兵法》残简的出土，是临沂汉墓发掘工作中最重要的收获之一。《史记·孙吴列传》称："〔孙武〕后百余岁，有孙膑。膑生阿、鄄（juàn）之间，膑亦孙武之后世子孙也。……世传其兵法。"司马迁还有"孙子膑脚，而论兵法"的话。班固《汉书·刑法志》也说："吴有孙武，齐有孙膑，魏有吴起，秦有商鞅，皆禽敌立胜，垂著篇籍。"又《汉书·艺文志》说："《吴孙子兵法》八十二卷，图九卷。《齐孙子》（《孙膑兵法》）八十九卷，图四卷。"在《史记》和《汉书》上，关于孙武和孙膑两人及其著作的情况是说得很清楚的。两个孙子，一个加"吴"字，表示仕于吴国；一个加"齐"字，表示仕于齐国。但到了后来，孙膑的兵法亡佚了，从《隋书·经籍志》开始，不再见到关于《孙膑兵法》的著录。杜佑《通典》卷一四九曾引孙膑"用骑有十利"一段话。《通典》作于唐德宗时，也很难明白杜佑是否亲见过《孙膑兵法》。若从曹操注《孙子》十三篇而全未论及孙膑来看，很可能在东汉末年，《孙膑兵法》已成为佚书了。失传了一千七百多年的《孙膑兵法》今天又重新被发现，它不仅解决了《孙子兵法》和《孙膑兵法》的作者问题，更重要的是这一发现，丰富了我国古代军事学的宝库，增添了古代史的资料；而这些资料，在某些方面是比《史记》、《战国策》更为可信，因而可以帮助我们纠正《史记》的一些错误。

《吴孙子》到《齐孙子》相距一百多年，从现在见到的残简看，孙膑的兵法对孙武的兵法有所发展。以篇幅论，孙膑的兵法一定较孙武的为多。孙武兵法不到六千字，孙膑兵法残简的文字就比它多。《五共》篇，残简自记"二百五十□"字，今所存仅九十五字，不到半数。有一篇，残简自记为"四〇六"字，存者仅十字，四十分之一。每篇字数长短可能相差很大，从篇题的题法可以窥见。如《禽庞涓》《客主人分》《月战》《陈忌问垒》、《将败》诸篇之题，题在简背，应该是长篇，每篇各自为一卷，故题于篇首的简背，卷束起来，篇题外露，一见便知。有些则题在篇末的正面，末行有空白，低几格题篇名，有些还计字数，如《五共》。又如《五名》、《将义》，只有篇名，无字数。这些篇，或许是短篇，几篇共一卷，卷起来，篇名为前面竹简所掩，不能外露，只得把篇名题于篇末。这只是一种推测而已。还有更多的文字，不知篇名。所以《孙膑兵法》究竟有多少篇、多少字，尚须作进一步的探讨。

《孙膑兵法》在战争和战术的论述上有它的特点，如认为要取得战争的胜利，不能仅讲战术。仅仅讲战术，只能说是"知兵"。他提出了既能"知兵"，又能"达道"的主张。有人问孙膑，你们臣主问答怎样，孙膑说："威王问九，田忌问七，几知兵矣，而未达于道也。吾闻素信者昌，立义（下简缺）"，其中讲到的"达于道也"的"达道"两字值得研究。残简载"卒寡而兵强者，有义也"，孙膑在这里所说的"义"，也包含着这个意思。自然，孙膑的所谓"道"和"义"，都是从封建地主阶级的立场出发的，不足为训，但是在两千几百年以前，他能看到决定战争的胜负，并不是单纯的战术问题，而有更为重要的因素存在。从这一点上来说，还是应该引起注意的。

从战术上讲，《孙子兵法》讲"客主"，仅附在《九地篇》提了一下，而孙膑却有《客主人分》一长篇，可惜残简仅存四十八个半字，已看不到全貌。但就仅存的这些残简论，也很值得大家来分析研究。

《孙膑兵法》还有些零星史料，有的可以纠正《史记》的误说。如马陵战役的结果，《史记》的《孙吴列传》《魏世家》《田齐世家》都说是虏太子申，杀庞涓。而《战国策》的《秦策五》《齐策一、五》《宋策》却多说擒庞涓，杀太子申。残简也是说"禽（擒）庞涓"，《孟子·梁惠王上》梁惠王自己也说"长子（即太子申）死焉"。可见太子申是战死的，庞涓则是当了俘虏的。《孙膑兵法》另外一些零星史料，《史记》所漏载的，可以从《古本竹书纪年》得到印证。《竹书纪年》也是从古墓挖掘的史料，较一般传世的文献可信。

《六韬》

《六韬》见于《汉书·艺文志》。《汉书·艺文志》本于刘歆《七略》，把它列入儒家。刘歆和班固都说：

> 《周史六弢》六篇。惠、襄之间，或曰"显王时"，或曰"孔子问焉"。颜师古注曰："即今之《六韬》也。盖言取天下及军旅之事。'弢'字与'韬'同也。"

这话很明白，《六韬》内容虽是周文王、武王和吕尚的问答，但作者是周史。著作的时间，早则在周惠王与襄王之间，相当于春秋鲁僖公、文公之际；中则在孔子少年至老年，当鲁昭、定、哀三公时代；晚则在周显王在位四十八年间，即战国时，公元前368—321年。整理此书者，并不认为它是姜太公（即吕尚）的著作，《隋书·经籍志》注却说是"周文公师姜望撰"，便是另生妄解了。

《六韬》，庄周曾经看过，《庄子·徐无鬼》提到，原文是"横说之则以《诗》《书》《礼》《乐》，纵说之则以《金版》《六韬》"。

《淮南子·精神训》："故通许由之意，而《金滕》《豹韬》

废矣。"高诱注:"《金縢》《豹韬》,周公、太公阴谋图王之书也。"《金縢》为《尚书》之一篇,《豹韬》为《六韬》之一篇。

《后汉书·何进传》:"大将军司马许凉、假司马伍宕说进曰:'太公《六韬》有天子将兵事,可以威压四方。'进以为然。"

《三国志·蜀志·先主传·注》引先主遗诏:"间暇历观诸子及《六韬》《商君书》,益人意志。闻丞相为写《申》《韩》《管子》《六韬》一通已毕。"

这是历代有人诵读、利用《六韬》的情况。刘备、诸葛亮且十分重视,一个临死前谆谆教训儿子,一个竟自己抄写一遍用作后来小主人的读本。

但是自宋以来却有不少人怀疑它为伪书,最无道理的理由,如说:"其辞俚鄙,伪托何疑?"(姚际恒《古今伪书考》)"今考其文,大抵词意浅近,不类古书。"(《四库提要》)这种用文辞深浅来判定一书的真伪,不但不科学,而且全凭个人主观,只有唯心主义者才好用这种方法。朱熹是一个有名的唯心主义者,他有一个总结说:"大抵古今文字皆可考验。古文自是庄重。"(《朱子语类》卷一三七)于是继承他衣钵的人,也喜欢这样说。现在,《六韬》残简在西汉前期墓葬出土,足证它在西汉前期已广为流传,不是出于这以后人所伪托。

《尉缭子》

关于《尉缭子》,谭献在《复堂日记》中说:"《尉缭子》世以为伪书。文气不古,非必出于晚周。"已把《尉缭子》断成伪书。《尉缭子》今日出土残简,和今本及《群书治要》引文基本相合,足以证明这种说法的错误。据《汉书·艺文志》，杂家有《尉缭子》，兵家也有《尉缭子》。依今本内容看，当是兵家的《尉缭子》。今本《尉缭子》开首便是"梁惠王问尉缭子曰"，所以《隋书·经籍志》说他是"梁惠王时人"。而《史记·秦始皇本纪》又有一大梁人尉缭，于始皇十年来秦游说，始皇留他做"国尉"（太尉）的官。由梁惠王至秦始皇相距百年左右，就是梁惠王末年到始皇十年也相距八十二年，很难说梁惠王时的尉缭就是始皇时到秦国的尉缭。梁玉绳《瞥（piē）记》根据《汉书·艺文志》，杂家《尉缭》列于《尸子》（与商鞅同时）之前，兵家《尉缭》列于《魏公子》（即信陵君）之前，认为这应是肯定了著书的尉缭和游说的尉缭是不同年代的两人。可是，若历史上有两个尉缭，而梁惠王时的尉缭还有兵书传世，为什么他的事迹在史籍上不见提及？这个问题还可以作进一步的探讨。

《书目答问》说："《六韬》伪而近古，《尉缭子》尤谬，不录。"《书目答问》一书，不是出于缪荃孙之手，而是由张之洞主编，他说《尉缭子》尤谬，完全是主观武断。

（皇）清经解正续编影印缩本序

　　《礼记》有《经解篇》，清康熙间昆山徐乾学出其传世楼所藏解经之书为明珠之子纳兰成德编辑《通志堂经解》，乾隆所谓"为逢迎权要之具"者也，自此经解遂为丛书之名。《通志堂经解》宋人之著作多，唐人仅陆德明《经典释文》、唐玄宗《孝经注解》、成伯瑜《毛诗指说》，馀则元、明笔墨。依《易》、《书》、《诗》、《春秋》、《三礼》、《孝经》、《论语》、《孟子》、《四书》、《总经解》为类，多关义理，阐明心性，空疏无实，故乾、嘉之后重视者鲜。

　　嘉庆二十二年（1817），仪徵阮元由湖广总督移督两广，二十四年即借广州城西文澜书院立学海堂，以经古之学课士。道光四年（1824）始在越秀山半山古木丛中建学海堂，前此不过虚悬一匾，并无实地也。翌年八月，辑刻《清经解》，原名《皇清经解》，余以为清代臣民编辑者严杰，为示尊敬，不能不用"皇"、"大"字。越两年，阮氏调补云贵总督，《经解》未竣之工仍由严杰编辑，总其事者则当时督粮道夏修恕，又经三年刊成。计收书百八十馀种，千四百卷，收藏于学海堂侧之文澜阁。咸丰七年（1857），以英法联军侵据广州，版毁于火。搜之灰烬，完整者十之四，馀皆残废。善化（今长沙）劳崇光时帅两广，于咸丰十年为之补刊，并续刻冯登府诸经异文七种八卷，即庚申补刊本者是也。《清经解》不以类分，而以著者先后为次，不取空疏义理，而取考证训诂，盖当时风气使然，时移势异也。

光绪十一年（1885）长沙王先谦任江苏学政，抵任三月即设南菁书院，次年二月，奏请刻《清经解续编》（清上原亦有"皇"字，今删。此书可省称《续经解》）。十四年刊成。全书收二百零九种，一千四百三十卷，体例一仿阮氏。两书之成相距五十九年。王氏所收自以阮氏所刊后出者为主，然亦有阮氏所漏者，顾炎武《九经误字》是其例。亦有阮氏所不知者，如王夫之所著，阮氏不必知其书，恐亦未必知其人。迨湘乡曾氏刻其遗书，阮氏已谢世矣。至阎若璩，阮氏已收其《四书释地》等三种，而未收《尚书古文疏证》者，盖刊刻在后也，故王氏补收之。此其大要也。

《经解》所收，范围大小，亦所见不同。劳崇光《清经解补刻后序》谓："诸多出其门人严厚民（严杰之字）上舍之手，率为编录，删节去取，或乖旨趣。《说文解字》、《广雅疏证》及诸历学、算学之书，虽经学所不可少，而与《经解》不必相附。其末《经义丛钞》尤非经解专书，滥厕其间，殊失其类。"然《续经解》所收，有刘台拱《国语补校》、汪远孙《国语发正》，而《国语》非经也，岂非以之比于《左氏传》乎？若《说文解字注》不收，王氏且收严可均《说文声类》、张成孙《说文谐声谱》、江沅《说文音均表》，则更"乖旨趣"矣。至俞樾《古书疑义举例》，固有助于解经，尤非经解专书也。孔广牧《礼记·天算释》与阮氏收陈懋龄《经书算学天文考》又何异？由此言之，劳崇光之议论，王先谦不之从也。

以"经"名书，《汉书·艺文志》有《黄帝内经》，显系伪托，固不必论。以"经"名篇，墨子有《经》上下，又有《经说》上下，此《庄子·天下篇》所谓《墨经》，非儒家言。《庄子·天运篇》谓孔子曾云："丘治《诗》、《书》、《礼》、《乐》、《易》、《春秋》六经。"此固庄子之徒所托言，不足信奉；然以儒家所重书为经则自兹始。儒家书为经，战国已然，自后曹魏、荀勖(xù)、晋代李充分天下书为四部，以迄隋、唐至近代，无不以经为首，经、史、子、集是也。实则《诗》为文学，《书》为文献汇编，《礼》为政制、礼仪、礼义，《乐》为艺术，《易》为占筮书，《春秋》为断代史，固庞杂矣。沿袭二千馀年，莫之能改，今人自用今法，古书沿用古法，井水不犯河水，各不相碍，亦未尝不可。

《正续经解》集有清一代解经者朴学家言之大成，故未载者屈指可数，如王先谦《诗三家义集疏》是也。今之学者欲深究古经书，捨两《经解》莫归。今人著作固可读，但或非根底之学。前贤皓首穷经，博览深思，纵不免于迂远偏颇，精力所注，自有可取者。然两书刊本共计六百八十册，存书既不多，购求固不易，且庋藏需地，翻检需时，尤非一般学人力能买到。中国书店思念及此，拟影印精装发行，各图书馆、各科研单位、各学校有关系室，购刊本一部者，购影印本可若干部，同时可供若干人借用，出借者不致穷于应付，借书者亦得所求，开拓传统文化之研究，其为功莫大焉。中国书店征言于予，予固乐而序之。

一九八七年三月十二日　杨伯峻

《词诠》重印说明

　　要读懂古书，首先要能正确地了解词义。词有虚有实。辨别实词的意义，前人叫作"明训诂"；了解虚词的作用，前人叫作"审辞气"。当然，研究虚词，前人也有包括在训诂范围内的，但仍以分别看待为好。

　　西汉以至唐、宋人注解古书，在实词方面用功多，在虚词方面用功少，以致常常误解文意。所以研究古书的虚词，分析其异同，归纳其条理，明辨其发展，著成专书，对读古书自有帮助。

　　我国最早讲解汉语虚词的专著要算元人卢以纬的《语助》。这本书写于元泰定元年（一三二四）以前。可惜它和后来清人袁仁林《虚字说》之类的书差不多，冬烘气重，科学性弱，学术价值低。

　　清朝康熙年间，刘淇著有《助字辨略》，嘉庆初年，王引之著有《经传释词》。这是两部值得称道的古汉语虚词的专著。拿这两部书加以比较，王引之着眼在"经传"，援引仅仅截至西汉文为止；刘淇的视野则下逮唐、宋，而且把诗词和所谓"经传"《史》《汉》同等看待，这是刘比王高明的地方。但总的说来，刘还是不及王。王引之著书年代比刘淇迟了一个世纪左右，在王之所处的所谓"乾嘉时代"里，研究古书的方法和成果都和以前不同。本来，"明训诂"和"审辞气"是互相关连、互为影响的两个方面。王引之既能"明训诂"，又能"审辞气"；而且他的研究方法是比合许多同类型的句子而又贯串上下文义来推敲，已经具有某些语法观念，比刘淇孤立地从一个句子出发来研究，结论自然要可信些，成就也自然要大，因此，更能得到后人的重视。像孙经世的《经传释词补》便是专为增补王书而作，只是可贵的创造性意见不多罢了。

一八九八年出版的马建忠的《马氏文通》，是接受了欧洲语法学观点而写出的第一部较有系统的古汉语语法书。就其语法体系而论，只是"形式主义地吸收外国的东西"；就其讲解虚词的部分而论，却不乏可取的议论。以有体系的语法观点来研究古汉语虚词，自然又比王引之进了一大步。

杨树达（1885—1956）的《词诠》，便是在刘淇、王引之以及马建忠诸人研究成果的基础上写成的。他对刘淇有批评，见于《助字辨略跋》；对马建忠有批评，见于《马氏文通刊误》；对王引之的批评虽然没有专文，却反映在《词诠》对《经传释词》某些论点的不采录上。杨氏自己对古书虚词的研究心得不少，全部反映在《词诠》中。可以说，在当时，《词诠》不失为一种解释周、秦、两汉古书虚词的水平较高的工具书。

然而，杨氏的观点和方法，根本上并没有越出王引之等人的樊篱。在本书的序例中，他对清儒的成就作了过高的估计，对王氏父子更流露出太多的倾倒，就足以说明这个问题。和这一个根本问题密切相关，表现在本书的具体论述中有两个明显的缺点。一是只注重单音词，忽略了复音词。又一是缺乏历史观念和地区方言观念。这不但是《词诠》的缺点，也是自刘淇、王引之以来诸书的共同缺点。刘淇的书，在例证和说明中，虽也常涉及复音词，但仍然完全以单音词为纲。王引之的书和《词诠》即使在说明中，也很少涉及复音词。其实，古书中复音虚词很多，很值得研究，应该和单音词同等重视，兼收并蓄。卢以纬的《语助》，虽然水平不高，却收了些复音词。但是卢氏这部书流传不广，又不大为学人所重视，王引之以至杨树达或者没有看到它，或者看到了并不注意，以至没有继承这一优点，是很可惜的。自《助字辨略》以来，讲虚词的书都把一个虚词的各种用法平排并列，对于某种用法最初出现以至变化消亡和假借的时代，以及某些虚词用法的地区特点，都毫无说明。譬如"若"字，《词诠》平列用法二十种，其实有几种是战国以后便废弃了的。又如"案"字当"则"字用，只限于某一方言区。初学者一翻《词诠》之类的书，有些虚词，尤其是一些常用的虚词，用法之纷歧繁杂，几乎使人目迷神眩。如果能把虚词的用法先作一大致纲要，然后从历史的以至地区的研究而加以说明，使读者在复杂多歧的用法中能找出规律，便于理解，便于掌握，对读者的帮助岂不是更大吗？至于书中有些论点值得商量，有些用法还待补充，固然是瑕疵，但比起上面的一些问题来，就只是次要的缺点了。为了避免繁琐，不再举证。

我的治学大要

我生于一九〇九年，湖南长沙人，今年八十岁。父名树谷，曾留学日本，专攻法律；叔父树达，字遇夫，为国内著名教授，著述甚多。我从小在家由祖父亲自授读《论语》、《孟子》、《诗经》及《左传》，由于幼时读经书的基础，至今仍能背诵。

十岁入小学，先是入湖南省立第一师范附属小学，后来转入湖南修业小学，中学则是在湖南私立楚怡学校就读的，没有读完三年级，就来到北京大学投考预科。读了两年后，便转入本科中文系，读了四年。当时的中文系，老师无不博学而又各有专长。从钱玄同、吴承仕（检斋）、余嘉锡（季豫）、黄节（晦闻）、陈垣（援庵）诸先生处获益较多。一九三一年又拜在黄侃先生门下，成为"黄门弟子"，当时戏称为"黄门侍郎"。但主要收获是得自叔父遇夫（树达）先生。

在北大读书时已将《列子集释》一书，基本脱稿。一九三三年又写了一本《中国文法语文通解》。该书是以音韵为纲，描述古今虚词的衍变，大都和声音的衍变有关。因为当时的水平不高，参考书又有限，力不从心，只能在每章虚词之末，以声为纲，列出古今不同字形的虚词，仅使读者略知其意而已。此书由商务印书馆于一九三六年初版，一九四九年以后重版。

一九四八年在广州中山大学讲课，不久回湖南长沙，做过新闻工作。一九五三年调北京大学中文系讲课，写了一本比较通俗的古文语法书，书名《文言语法》，由北京出版社出版。日本汉学家波多野太郎博士、香阪顺一教授等共同译成日文。这本书，比起《中国文法语文通解》要全面些，讲了句法。

写了《文言语法》之后，因为看了不少关于《论语》的书，有些笔记资料，驾轻就熟，很快完成一部《论语译注》。听说日本东京和京都两大学都曾采用此书为教本，香港也有翻印本，至于别的地方是不是也翻印了，那就不得而知了。随后又写了《孟子译注》，此书经过多种的波折，终于与《论语译注》一道，与读者见面了。

一九六〇年在中华书局工作，又写了更为通俗的《文言虚词》和《文言文法》。还和一位同事共同校点《晋书》。就吴则虞先生的未定稿删繁、订误、补漏，便成为今天的《晋书》校点本。

我用力最勤的是《春秋左传注》。我的"左传癖"自然有愧于杜预，但幸而生在杜预以后一千七百年，杜预当时所不能知的，我们可以利用杜预以后、今天以前的人的成果和今天的科学成就来解决。自从杜预的《春秋经传集解》问世，到唐朝孔颖达作《正义》，相隔三百多年。以后虽然有人为《春秋左氏传》作注，却都不很高明。清人为十三经作《新疏》，唯独《礼记》阙如，《左传》作而未竟。今天距清人刘文淇《春秋左氏传旧注疏证》又已一百多年，《左传》应该看成一部可靠性较高的春秋史料书，也是一部文学著作，要研究春秋史或者古代散文的，都必须读它。然而时到今天，却没有一部适合的读本。我因此不揣力不从心，冒昧地搜集古今中外有关资料，试图为此书作一总结性的注释。虽然日夜以赴，一则老而易忘，一则涉猎不广，尤其是各种科学知识不深不透，缺点和错误自难避免，欢迎批评、指正。

我曾陆续写了些学术论文，第一篇写于四十年代，题为《破音略考》，发表于一九四八年《国文月刊》总七十四期。五十年代初，陆续写了《"爱"字上古作"焉"字例证》、《"不廷""不庭"说》、《"可"作"何"用》等等，都发表在《中国语文》上。一九七二年山东临沂银雀山汉墓出土大批竹简，我参加了整理和考释，也写了论文；一九七二年对长沙马王堆一号墓的发掘，我也写了论文。我认为出土女尸为第一代轪侯的妻子。一九七三年二号墓和三号墓继续发掘，证实了我的判断。几篇论文都先后在《文物》上发表。

我今年已八十岁，还能读书，虽然天赋不高，可是我认为勤能补拙。而一生的优点不多，比较自信的是不浪费时间。因为别的东西丢失了，大都可以再来，唯有光阴一去不回头。至于运动和休息，目的在保护身心的健康，也是为了更有效地学习和工作。

我治学之初喜爱较为广泛，自从先叔教导和启发我以后，除非为了调剂精神，稍事翻阅杂书外，一般都是有目的地读书。先拟好一个题目或书名，再尽可能地搜集并研究资料，胸中有了腹稿，一气呵成，再仔细看一遍，稍事修改和润饰。这样，速度可以加快，然而难免于粗疏，最好是不忙于发表或排印，放一个较长时间，从容再多读书，细推敲，或许可以多避免些缺点。而我的文稿，多由于主观和客观原因，难得允许放一个较长时间。

我曾在北京大学、兰州大学等校中文系任教，后来担任中华书局编审，现已退休，但仍是国务院古籍整理出版规划小组顾问。早年打算写儒学史，曾浏览时贤所著，皆不当意；因读书而笔记所得，终难得暇。今手头已空，可以执笔，但年老心力不济，进度迟缓，而工程浩大，未审得完成否!

我的主要著述表:（以着笔先后为次）

一、《列子集释》（弱冠在北大中文系肄业时着笔，毕业时完成，一九四九年后出版）

二、《中国文法语文通解》（一九三三年到三五年写成，商务印书馆出版）

三、《文言语法》（五三年到五四年写成，北京出版社出版，有日文译本）

四、《论语译注》（五四年到五五年完成，中华书局出版）

五、《孟子译注》（五五年以后写，五七年完成，中华书局出版）

六、《文言文法》、《文言虚词》（两书皆通俗浅显之作，中华书局出版）

七、《古汉语虚词》（扩充《文言虚词》之作，中华书局出版）

八、《春秋左传注》、《春秋左传词典》（中华书局出版）

九、《杨伯峻学术论文集》（在报章杂志发表单篇论文集为一册，长沙岳麓书社出版）

十、《白话四书》（八八年到八九年完成，岳麓书社出版）

十一、《古汉语语法及其发展》（与人合著，已定稿，待印）

（原载台湾《国文天地》1989年10月5卷5期）

我和《左传》

　　我生于封建家庭，祖父以上三代单传，我祖父生男孩子三人，我父亲居长，我是母亲的第二胎，未足月而生，生来很瘦弱，却是长房长孙，所以祖父母生怕我像我姐姐那样又夭折，爱护倍至。从小不出家门，由我祖父亲自授读古书。读完《诗经》，便读《左传》(《春秋经》不读)，同时兼读吕祖谦的《东莱博议》。后来插班进了小学三年级，仍然在放学后到祖父书房受读《左传》和《东莱博议》。当时虽能背诵，却不很懂原文意义。直到进入北京大学中文系，取《春秋左氏传》加以温习，才逐渐懂得一些，但离十分理解还差很远。

　　我买了一部《刘申叔遗书》，其中有关《左传》的文字不少，感觉到刘师培之为人虽不可取，但对《左传》之熟，读书之多，却使我十分羡慕，无怪乎章炳麟能捐弃前嫌，要营救他，说是为中国留一读书种子。建国后，刘文淇等三代所著《左传旧注疏证》已由科学出版社出版，同时章行严世丈(士钊)在《文史》发表一篇关于《黄帝魂》的文章，其中说，他和刘申叔相交时，不见他很用功，他家屡世以习《左传》有名，申叔的有关《左传》文字可能是剿袭他父、祖辈以至曾祖的遗稿。我当时正细读刘文淇的《疏证》，又细读刘申叔有关《左传》文章，认为行严世丈的说法未必可信。刘申叔一则承受家学，二则天资聪敏过人，所以虽然只活三十六岁，便著作等身，而于《左传》尤为精熟，能发挥自己的独见。我仔细比较《春秋左氏传旧注疏证》和刘申叔的有关《左传》文章，有把握地认为，申叔的治《左传》，超过他父辈、祖辈甚至刘文淇，他的文章不可能是剿袭而来的。我这意见也曾当面告诉章行严世丈。

我也曾读了一些有关《左传》的书，除当时坊间的所谓《左传白话解》一类的只图赚钱、丝毫没有学术价值的书以外，尽可能搜集有关《左传》材料。坊间有《杜林合注左传》，我也不用，直接用《十三经注疏》本的杜预注，林尧叟之说却不可取，便废而不用。

清朝人对所谓"经书"，除《礼记》以外，都有整理本，有的甚至不止一种。但《春秋左传》，除一些札记式的书外，洪亮吉的《左传诂》分量太少，惟有刘文淇一家的《旧注疏证》，而且还没有写完，甚至难以令人满意。而《左传》一书，名为"经书"，实是一部春秋史书。在所有"经书"中，文学价值又最高。我既然阅读了一些必要的参考书籍，便决心整理这部著作。它在《十三经》中，分量最大，"经"和"传"将近二十万字，非全力以赴不可。

我首先熟读本书，搞清"经"和"传"的体例。这是注解任何一部古书最必要的基础条件。我大致对《春秋经》和《左氏传》的撰写体例理解了，然后做第二步工作。这便是访求各种版本，除阮元作《校勘记》已采取的版本外，我还得了杨守敬在日本所见的版本，又得了日本的金泽文库本。金泽文库本是六朝人手写的，而且首尾完具，可说是最有参考价值的版本。用来互相校勘，并且参考各种类书和其他唐宋以前文、史、哲各种书籍的引文，取长舍短，作为定本。然后广泛阅览经史百家之书，除《春秋》、《左传》的专著必读以外，《三礼》和《公羊》、《榖梁》二传，也在必读之列。尤其是《史记》，如《十二诸侯年表》、春秋各国《世家》，必须一一和《左氏传》相对勘，说明两者的同异。

我又重新温习了一遍甲骨文和青铜器铭文，并且泛阅有关这类的书籍，有可以采取的，都摘录下来。又对历来从地下所得资料，都摘录在有关文字下面。把以上所说各种资料，作为"长编"。可惜这个"长编"在文革时期丧失了一部分，又再没有工夫将它补全，只好就记忆所及，临时检书稍作补充。就凭这一不太完具的长编，删繁就简，淘汰无用部分，加以自己研究所得，写成《春秋左传注》初稿。再就初稿进行修改补充，因为原稿比较杂乱，只好请人誊正，就算基本定稿了。

我发现近代人对《左传》最熟的，除刘申叔外，要数章太炎（炳麟）。他在日本时，曾用《左传》教授一些中国留日学生，著有《春秋左传读》一书。这部书是他读其他书的时候对《左传》的心得札记，不是依《左传》次序写的，是读书时，联想到《左传》某句而发挥的。他一定对《左传》极熟，并且能记得某句在《左传》某公某年，基本上是凭记忆札记下来。可惜这部书当时并没有印多少，后来他编《章氏丛书》时，只用这部书的《叙录》，可能他自己不很重视这书，没有收入《丛书》中。他的小弟子潘承弼影印了一百部，流传不广。我费了大力搞到一部，字迹比蚂蚁还小，又模糊得很，用放大镜都难看清楚，幸而我对他所引用的书大都读过，只要认识几个字，便可以检查上下文。这部书所说的，只有一小部分是正确的，无怪乎他以后不再提起这书了。但太炎先生对《左传》之熟，对著作之认真，这种精神，是值得后学景仰而学习的。

《春秋左氏传》是一部中国重要典籍，刘文淇累代传授《左传》并且著作，因此《清史稿》替他三代立传。然而用功八十年，经历三四代，并没有写完，仅到襄公五年为止，成就比孙诒让的《周礼正义》相差不可以道里计。我以一人之力，又遭十年浩劫，短期内赶紧完功，虽然凭借前人成果，但错误脱漏之处一定不少。桑榆虽晚，幸还能读书，决心在有生之年中，再加以补充修改，以期做到较为完善。

再说几句，这本《春秋左传注》脱字、错字、衍字不少，第二次印刷本虽校正了一些，还有不少错、脱、衍文存在。现在我在重新校对，又得几位热心读者来信指出，打算校正完毕后，重新排印，以减少内疚。

（原载《书品》1986年第1期）

我和《论语译注》、《孟子译注》

　　《论语》《孟子》是我从小熟读的书。当时我祖父教我的只是朱熹《四书章句集注》本。一则我年纪幼小，二则祖父也不大给我讲解，只囫囵地照本反复地诵读，以至虽能背得出来，偶然看看朱注，却似懂非懂。陶渊明的"不求甚解"（《五柳先生传》），是不肯、不愿甚至不屑于求甚解，是对当时政局和社会风气的反抗。我却是限于主客观条件不能求甚解。前者是出于存心，后者是出于幼稚。到专习中国古书的时候，逐渐地能主动阅读不少有关书籍，便以探求原书本意为己志。我曾得到程树德的《论语集释》，这是作者在他重病卧床六年（1933年冬到1939年8月）中集中精力所作，征引书达六百八十种之多，三大厚册，字数以百万计，搜集古今人对《论语》的解释相当完备。可惜排印错误太多，字小，而且流传不广，因为是敌伪时期华北伪政府所印。稿本后来虽已由中华书局收藏，却再没有印行。这样繁冗的书，一般人也难得有耐心读下去。我读了一篇，知道《论语》每一句无不有几种讲解，到底谁是谁非，本书很少判断，因此产生一个念头，若在纷乱众说之中，采取最接近原意的加以注解并译成现代汉语，岂不有益于今日青年？

《论语》是孔子和孔门弟子言行的纪录，孔子这人是否值得宣扬，先得考虑。我本来对孔子怀有相当的尊敬，又加以阅读有关史料和评论，别的不论，我认为至少他对中国文化的贡献是比任何古人都巨大的。

第一，在孔子以前，古代文献都由公家掌握，因之文化知识也由贵族垄断。民间既没有教师，也没有书籍（古人叫"简策"）。孔子虽系贵族的没落者，却能得到公家所藏简策，不但学习，而且整理，并教给学生。

第二，孔子以前，只有官学，《左传·襄公三十一年》载有"乡校"，便是郑国的国立学校，入学的都是贵族子弟，他们才能评论当时政治人物和措施。一般老百姓便没有学校可进，自然也没有老师可从。孔子则是中国第一位开办私学的人。他所招收的学生绝大多数是一般自由民，仅有极少几个贵族子弟。只要送他一点薄礼，便可列入门墙。

由此可以推论，由官学向私学转化，由公家垄断的书册转到民间，才能有春秋末期到战国的文化勃兴，诸子百家争鸣。我说这话是有根据的。庄子是对儒家极尽讽刺挖苦之能事的人，但《庄子·天下篇》有下面一段话：

> 其明而在数度（礼乐制度）者，旧法世传之史尚多有之。其在于《诗》、《书》、《礼》、《乐》者，邹鲁之士（孟子、孔子之徒）搢绅（儒服）先生多能明之。其数散于天下而设于中国者，百家之学时或称而道之。

这话十分明白，简单地说：先有儒士，然后才有"百家之学"。

由此又可以推出两条结论，一是曾经孔子学习、传授的古代典籍，后代才有传人，有比较完整的传本。今天的《诗经》、

《尚书》、《周易》(仅《卦辞》《爻辞》二部分)、《春秋》是孔子整理并传授下来的。至于《左传》所引的《志》(如文公二年引《周志》,宣公十二年引《军志》,更多的是单称《志》),都是孔子以前的古书,孔子或者无意,或者无暇加以整理和传授,便都丧失,只剩下被引用的少数语句。又一是现今号称孔子以前的古书,如《管子》、《晏子春秋》都是孔子以后的人所托,前人早有定论。可以说,今日所传私人著作,没有早于孔子以前的。

若讲中国文化史,孔子自是承先启后的第一人。由此之故,孔门弟子也受尊重。自西汉以至清末,《论语》便是士子的必读书。今天要研究孔子及孔门弟子,也必须以《论语》为根据,为准绳。这是我写《论语译注》的主要动机。

要写《论语译注》,必须先深入了解《论语》本书的体例、词汇、语法,就是每词每句在当时的本义。我看了某些人搞的古书译注本,并没有下大功夫,其中较好的不过就他的水平依字面翻译,并不考作者的本意和本义,未免把译注看得太容易了。我喜欢晋人陆机的一句话:"余每观才士之所作,窃有以得其用心。"(《昭明文选·文赋序》)我认为无论读什么书,必先探求作者的"用心",才能有发表意见的权利。若要得作者的用心,一定先求当时语句的流行意义,因此我在着手译注《论语》之前,先写了《论语词典》,这样,不致被纷歧的解释所迷惑。譬如《为政篇》第十六章"攻乎异端,斯害也已"一句,虽只八个字,却"诸说纷纭,莫衷一是"(程树德《集释》案语)。歧义之所以产生,最大关键在于"攻"字意义的确定。何晏《论语集解》说:"攻,治也。"皇侃《论语义疏》说:"攻,治也。

古人谓学为治。"朱熹《论语集注》引范氏曰："攻，专治也，故治木石金玉之工曰攻。"这几家以至另外许多家都把"攻"解为"治"。"治"不仅是学习研究，也包括实行、传播。孙奕《示儿编》却说："'攻'如'攻人之恶'之'攻'。"这一说不始于赵宋，南朝任昉作《王文宪公集序》曾说过："攻乎异端，归之正义。"南朝梁刘勰《文心雕龙·序志篇》也说："《周书》设辞，贵乎体要；尼父陈训，恶乎异端。"将"攻"字改作"恶"字，也是和攻伐解相近。其后清末民初的王闿运作《论语训》也说："攻犹伐也。"（但他译这句的整个旨意却错了。）次要关键的词是"已"字，"已"字旧有三说，孙奕说："已，止也。谓攻其异端，使吾道明，则异端之害人者自止。"程树德却说："'已'者语辞，不训为'止'。"而《晋书·索綝传》说："攻乎异端，戒在害己。"似乎把"已"字误认为"自己"的"己"字。至于"异端"，尤其有不同解释。自然不是孟子时代的杨朱、墨翟之说，也不是韩愈时代的佛、老和和尚、道士。有人认为是老聃之说，那是误认为老聃在孔子前，至少今天所传《老子》的著作和流行，是在孔子和《论语》以后。我研究了《论语》的词法和句法，采取了孙奕的说法。

　　写《论语译注》时候，我在北京大学中文系任教。当时是一九五五、五六年，正值重视知识分子尤其是高级知识分子的时候，若向图书馆借书，只要开一书单，图书馆便派人送到家。这的确对研究工作者给予极大的方便，是具体地支持研究工作。但我被划为右派以后，被批判时，却成了罪名之一。说是借图书馆的书，隔不久便一车车（平板三轮）地送到家，一摞摞地送上楼（我住三楼）。这是图书馆在履行职责和规定，罪名却加在我头上。自然，那时是不容说理的。黑云未必能压城，功劳（或者说苦劳罢）却变成罪过。幸而这时我早完稿交给中华书局了，不然便很难继续写下去。我在中文系被批倒批臭后，临时被安排在历史系教了一段时间《史记》。暑假后接到通知，调到兰州大学中文系，可以说是去"效力"罢。

中华书局接到我《论语译注》清稿后，交童第德先生审查并任责任编辑。童先生颇有中国学者的旧风度，认真而踏实，我后来到中华书局和他共事，相处甚得。这部书是我到兰州以后才出版的，当时，出右派分子的著作，自是大胆！金灿然同志（中华书局总经理、总编辑）也因此受了批评。但我并不因"有罪"而停笔。我还继续写《孟子译注》。当时中华书局派人到兰州大学组稿，不晓得哪一方是出谋划策者，商定压我拿出《孟子译注》全部稿件。我以戴罪之身，哪里敢有二话，况且我已经忧患受创不小，更不存名利思想，不但乖乖地，而且毫无可惜之心将所有《孟子译注》稿本交出。兰大中文系便组织若干师生讨论，据参加讨论的几位告诉我，讨论中七嘴八舌，争吵不休，谁也说服不了谁，几乎无法定稿。有人主张用举手方式表决，以多数定是非。但进行了一段，觉得不妥。最后还是交给我，让我全权裁定。我看了他们对我原稿的修改和他们讨论的纪录，啼笑皆非，却不敢、也不想露之于形色，耐心地默默地又把原稿恢复本来面目。但第一次出版的《孟子译注》译注者是"兰州大学中文系孟子译注小组"。自然一切有关人士都分得若干元稿费（有人告诉我，他举了一次手，分得七十元），我被认为是"审定"者罢，也喝了一口汤。

我在兰州时间不到三年，忽然接到通知，调我回北京，到中华书局报到。兰州有人说："有大学教授不当，却调到书局去卖书！"以为我再度被"贬谪"，这些人是对中华书局不了解，我也只好心中暗笑。

来到中华书局不久，便有一张大字报是点我的名的。对我开了一次批判会，既没有任何事实，谈不上揭发；也没有举出任何罪证，只是空空荡荡地说我如何不老实。我当时想：我又不是自己要求调来的，有什么不老实？怎么调我来的，经过我事后才了解。后来我才领悟到，这是承袭了宋太祖立下的规矩，先打一百杀威棒。对新进本单位的右派，实行所谓打威风之谓也。我那时"戴罪立功"还来不及，何威风之有哉!会上有人睁着眼睛说瞎话，竟大声对我吼着："《孟子译注》是你做的吗？"我处于低头认罪的情况下，夫复何言!《孟子译注》是我做的，明眼人都知道。这书已经被人强抢了去，我不曾有怨言，更不敢吐出一句"是我做的"的言语。我才知道，在极"左"路线影响下，不摆事实，不讲道理，是当时的风气，我只能"低头认罪"，默不吱声。

一九六一年摘除我的右派帽子。中华书局当局调了《孟子译注》的原稿，加以考查，肯定每字每句都是我的，这才和兰大中文系联系，主张改用我的名字重印。兰大中文系竟然不同意，却说重印区区稿酬可以由我一人独得，译注者名义仍应归兰大小组，真是可笑之至。中华书局当局这次实事求是，重印时改用我的名字，算是物归原主，终于分清黑白，明确是非，使这部多灾多难的《孟子译注》重新和广大的读者见面。

有不少的朋友告诉我，《论语译注》、《孟子译注》是姐妹篇，不论从体制上、行文风格上看，都是出于一人手笔，所谓之译注小组竟想为图名遮掩天下耳目，是徒劳的。好在今天已是云开日朗，以前搞"群众运动"的做法，也一去不复返了。我深深地体会到，今日的中国比以前大不相同，但还得继续普及并且提高文化（包括社会科学、自然科学等）水平，政治上更加开放，有在宪法范围内的高度民主和自由，那么，出现生动活泼的局面才不是一句修饰门面的自欺欺人之谈。

（原载《书品》1987年第1期）

《列子集释》初版自序

　　我这篇序文是专为纪念两位死者而写的。他们是：我的叔父杨遇夫（树达）教授，我的同班许骏斋（维遹）教授。他们都曾对这一书的编纂给予了支持和鼓励。

　　一九二九年，我在北京大学中文系读书。当时我的兴趣是多方面的，抓到什么便读什么。遇老便指示我说："你的中国旧学还有些根底，无妨在正课之暇用较大精力来整理一部古书。这样为著书而读书，既有一定的目标，便不能不有一定的方向和进程，自然会把你的兴趣纳入一定的轨道，因而改正你这种泛滥无所归宿的毛病。同时，它还会迫使你深入钻研，不致容许你老是停留在一般的了解上。尤其重要的是，你可以从实践中继承前辈学者的研究成果，学习他们的治学方法，培养自己独立研究的能力。"因此，我便在他指导下编著这一部《列子集释》。

　　同时，骏斋已经开始编纂《吕氏春秋集释》，因此便相约：分别地翻读清代学者的有关论著，互相抄示有用的资料。他也研究《列子》，我也研究《吕氏春秋》，各人的心得互相征引（《吕氏春秋集释》中提到的杨德崇便是我）。他的精力比我强，腿也比我勤，手也比我勤。当日孙蜀丞（人和）教授收藏清人著作最为丰富。他每隔一两个星期一定跑去求教和借书。借得书来便两人分着通读，他有时竟深夜不睡。这部《列子集释》中有若干条的清人校说，便是他提供给我的。我们工作得非常愉快，丝毫没有荒废学校的正常功课，到一九三一年毕业以前，两人的书都基本上完成了。

骏斋的《吕氏春秋集释》于一九三五年初次由清华大学刊印，而我的《列子集释》却搁置在遇老家中，一直未去动它，也不想去动它。

遇老却很珍惜它。这许多年中，他的书籍手稿遭受了几次劫运。"七七事变"后不久，他留存在北京的书被人偷盗；抗日中期，他寄放在长沙东乡和西乡的书被水湿，被虫咬，尤其是在东乡的几十大箱书，连我祖父、父亲和我自己数十年来辛勤积累的在内，都被白蚁、蠹鱼吃成粉末，一本完好的也没有了。然而，这一部《列子集释》稿本，他却一直替我保存着。到一九四八年，他叫我跟他去广州中山大学教书，便把它完好无损地交给我。当时，我曾感动得说不出话来。

解放以后，他又屡次劝我莫过于矜持，设法出版，并且主动地给我向某一出版机构推荐。去年十月来到北京，又当面催促鼓励。这样，我才把它交给科学出版社。

就在这次出版前的增订中，他还一再地给我具体指导。

现在，这部书出版了，骏斋死已五年，遇老也长眠地下，他们都不能看到了，怎能叫我不想起他们的盛德而默默无言呢！

（1956年9月于北京大学）

《杨树达文集》前言

一

先叔杨树达，字遇夫。一九二四年十月取荀子《大略篇》"积微者著"语，把他书斋名叫"积微居"。一九四九年九月十日凌晨于朦胧中得"霜叶从教耐晚林"句，又把他书室叫"耐林庼"。

他生于一八八五年六月一日，即逊清光绪十一年农历四月十九日，病逝于一九五六年二月十四日，享寿七十一。

他七岁时，从先祖翰仙公读书。他回忆说："略识训诂文义。一日，偶思，取训义相同之字聚集为一编，岂不大佳乎？私蓄于怀，不敢宣诸口。及少长，读《尔雅》，乃知世间早有此书矣。"足见他幼时便有述作的意图。

一八九七年，十三岁，考入时务学堂。时务学堂被解散后，一九〇〇年改入求实书院肄业。读书很用功，开始写读书日记。一九〇二年，十八岁，借得阮元《诗书古训》，当时正读《周易》，便依阮氏书体例辑为《周易古义》。一九〇三年，在学政吴庆坻主试下应观风考，以第一人交卷，第一名被录取，入校经堂肄业。一九〇五年，赴日本留学，入东京宏文书院大塚分校。

一九〇八年，考入东京第一高等学校豫科。一九〇九年，豫科毕业，派入京都第三高等学校。辛亥革命后回国，入湖南教育司任职。从此结束学生生涯。

一九一二年任湖南图书编译局事兼楚怡工业学校英文教员。一九一三年，任湖南第四师范国文教员，始治汉语文法。解放后毛泽东主席曾亲自告诉先叔，他曾往旁听。一九一六年，任湖南省立第一女子师范学校国文教员。一九一八年，直系军阀入湘，南军谭浩明夜晚逃走，因有感而辑为《老子古义》。他自己又说："年来治学颇勤，有述作之志。初欲撰《论衡校注》，成三卷，去。继为《韩诗外传疏证》，未成。最后治《盐铁论》，北游后继续治之。草稿初具，国难后失去。"一九一九年，始撰《马氏文通刊误》。十一月，以湖南教职员代表与公民代表毛泽东同志等一同至北京，从事驱逐当时湖南省督军张敬尧者之活动，一九二〇年，张敬尧离湘，返回长沙。十一月，再游北京，任职教育部，又任教各大专院校，教授国文或日语。自此结束中学教员生涯。

一九二一年，任北京高等师范（北师大前身）国文教师，编写讲义，《高等国文法》之编著实始于此。三月，始撰《古书疑义举例续补》。九月，始辑《说苑》、《新序疏证》。二稿今均失去。一九二二年，开始写《词诠》。一九二四年，任北京师范大学国文系代理主任及主任。一九二六年，应清华大学之聘，任中文系教授，推荐吴承仕继任北京师范大学国文系主任教授。

一九三七年五月返湘，改任湖南大学教授。一九三八年十月，随校避迁辰溪。一九四五年十月底，随校迁回长沙。

一九四八年四月，赴广州中山大学作短期讲学。九月，赴南京出席研究院院士会议。十一月，赴广州，应中山大学中文系教授之聘。一九四九年五月，自广州返湘。一九五二年，两次上书毛泽东主席，毛主席亲笔回信，并道阔别。一九五三年，湖南大学取消文、法学院，改任湖南师范学院教授。一九五四年八月二十五日，毛主席巡视湖南，约见。一九五五年六月二十日，毛主席又在长沙岳麓山约见。九月，北游。三十日即农历中秋，毛主席招宴，饭后，论及文字拼音化，献疑焉。毛主席答云："仔细研究，有利则改革，行不通则复故。"一九五六年二月十四日凌晨病逝。

二

上段略述先叔的生平大概。他的一生，有《积微翁回忆录》在。从上段所述，他的学术著作可以分为六类。

第一类，是辑古人之引文以解释古书。于一九〇二年开始辑《周易古义》，中辍若干年，一九二八年完成。一九一八年辑成《老子古义》，一九二八年增补。这两种书的共同点，是"述而不作"。优点是，于三国以前所有征引《易》、《老》文字的，无不引用，分别列于有关文句之下。既可以备见古人如何解释、引用以及看待这种书，譬如《乾象》"飞龙在天，大人造也"，刘向《封事》"造"作"聚"，此中消息，透露出"大人造"应该怎样讲解。还可以从哪种古书首先引用《易》和《老子》，以至首先引用哪一段，由此可以探讨本书本章的著作时代。譬如说，《周易》古经有《卦辞》和《爻辞》，春秋时人便已引用。而《十翼》的征引却很晚，《杂卦》竟至没有征引的。这是为什么，似乎值得研究。他本有《论语古义》一书，体例与《周易》、《老子》两《古义》相同，后来加以增删，成为《论语疏证》一书，则是既述又作了。譬如解《八佾篇》"夷狄之有君，不如诸夏之亡也"，能以今喻古，作探孔子本旨之论；《子罕篇》"子罕言利与命与仁"，能独生新解，并非无据之臆测。这种工作，如果有人继续做，有相当价值和必要。譬如他在一九二四年曾日记："孙楷第来问学，告以读书方法。又言北齐刘昼《新论》（案：即《刘子》）皆原本故书，可试为之注。以余向所搜材料与之。"似乎孙子书（即楷第）并未替《刘子》作注。《刘子》原有唐袁孝政的注，水平低劣，而至今尚未见较好注本。可能就因此故，阅读《刘子》的人不多，由一个较长久的时间未曾重印可知。另外，《春秋大义述》也应属于此类。这是他感于日本军国主义的侵略我国，用《公羊》"攘夷"的大义来激励爱国家、救民族的抗敌精神，是"古为今用"的著作。陈援庵（垣）先生在北京著有《通鉴胡注表微》，表彰胡三省的民族气节和爱国精神，他在南方有《春秋大义述》，方法不同，用心一样，实是异曲同工，南北二贤互相辉映。

　　第二类是语法、修辞和其他有关方面的述作。语法方面的研究开始于一九一三年。一九一九年写出《马氏文通刊误》，又写了一本通俗书《中国语法纲要》。一九二一年编著《高等国文法》，一九二二年又排比《高等国文法》中虚词例句成《词诠》一书。还写过《文法学小史》，未见出版。修辞方面，一九二一年写的《古书疑义举例续补》，虽是为读者提供阅读古书方便，提高阅读古书能力，发现并论证古人措辞构句的若干通则，实质也是讲古人修辞方法的一种著作。三十年代，在清华大学教授修辞学，因编纂《中国修辞学》一书。这本书，曾因郭沫若同志建议，改称《汉文文言修辞学》。另外，《古书句读释例》也可以归附此类。在这类书中，以《词诠》影响较大，此书实是一部较可信赖的解释古书虚词的工具书。后来有人认为它只收单音虚词，未收复音虚词为可惜。殊不知，他本来打算另写《复词例释》一书，于《词诠》纂成后为之，可惜因忙于别的事务，中止未就。

第三类是关于校勘注释和考证的一类著作。先叔于清代朴学者最服膺王念孙、引之父子，于其《读书杂志》《经义述闻》诸书，读之烂熟。早年读王先谦《汉书补注》，使用王氏父子校释古书的方法，又加以扩充改善，写成《汉书补注补正》。以后陆续增补，到一九五三年，发愤把三十年来所读《汉书》的心得加以总结，成《汉书窥管》一书。用这本书来补充《汉书补注》，可以说，研究《汉书》，已无剩疑。纵有地下发掘，只能作为补充或证明汉代史料和史实，恐难以推翻先叔之所论证。同时学人称他为"汉圣"。他除用两《汉书》史料以外，还利用其他一些有关两汉婚姻、死丧资料，片辞只字不遗，于一九三三年写成《汉代婚丧礼俗考》。此书解放后未曾重印，当河北满城西汉中山靖王刘胜和其妻窦绾墓被发掘，发现两套完整的金缕玉衣时，考古工作者便以难得此书取以互相印证为憾。他还写了《盐铁论要释》、《淮南子证闻》和《积微居读书记》。每立一义，多能确凿不移。

第四类，是有关文字诂训的著述。他十四五岁时，从先祖读郝懿行《尔雅义疏》、王念孙《广雅疏证》，便有志于训诂之学。平生又精熟许氏《说文解字》。于前辈学者，除二王外，最佩服段玉裁，但谓段、王虽“复绝一世，其于创通大例，顾未有闻”（摘引自《积微居小学金石论丛自序》）。先叔研究文字训诂之学，能突破《说文》范围，尽量利用甲文、金文，以古声纽、古韵部为纲，务使形、音、义密合，求其语源，得出造字和用字的条例若干则，这正是他的“创通大例”，先后著作《积微居小学金石论丛》（增订本）、《积微居小学述林》二书。《论丛》有《释慈》等四十一篇，《小学述林》又有《释豸》等一百二十篇。他在《回忆录》一九三二年一则中说：“余说文字，凡说制字之义者为‘释’，说用义者为‘说’。”《论丛》又有《说制》等文字若干篇。这些属于具体解说文字之例。两书中有通考文字的文章，如《造字时有通借证》、《形声字声中有义略证》、《字义同缘于语源同例证》及《续证》、《文字初义不属初形属后起字考》、《文字中的加旁字》诸篇，都应属于“创通大例”之例。而创通大例，非有博学高识不可。这种贡献，远非一般解字说经饾饤琐屑者所可比。不但段、王因时代不同而不及，即同时学人亦瞠乎其后。

第五类，是有关甲文的著作。《回忆录》一九三四年一则中说：“读朱芳圃《甲骨学文字编》，此为余治甲文之始。”四三年又说：“阅孙海波《甲骨文编》，为余再治甲骨之始。”他研究龟甲文字，据胡厚宣《五十年甲骨学论著目》说：“杨树达以六十几岁的老先生，最后写文章最多，不失为五十年来甲骨学研究中最努力的一人。”先叔的甲骨文著作有《积微居甲文说》、《卜辞琐记》、《耐林庼甲文说》、《卜辞求义》四种。他论治甲文之道说：“欲识其字，必以《说文》篆籀彝器铭文为途径求之，否则无当也。甲文中已盛行同音通假之法，识其字矣，未必通其义也，则通读为切要，而古音韵之学尚焉，此治甲骨者必备之初步知识也。甲骨文所记者，殷商之史实也。欲明其事，必以古书传记所记殷周史实稽合其同异，始能有所发明，否则无当也。大抵甲骨之学，除广览甲片、多诵甲文得其条理而外，舍是二术，盖不能有得也。就形以识其字，循音以通其读，然后稽合经传以明史实，庶几乎近之矣。"历来治甲骨学者多家，他认为唯王国维、郭沫若二人最有成绩，而自己"治此学之径途固康庄大道，此差可自信不疑"，其意若曰幸不下王、郭两君也。

第六类，是有关金文著作。他于一九三四年才开始研究彝铭文字，一九四二年以后绝大部分精力耗费于此。他用高邮王氏父子校释古书方法来研究金文，每解释一篇铭文，先注意一字之形体，与小篆、籀书、甲文比较，断定它是什么字，此字是什么意义，或者集合用此字的同类或者类似铭文比较，综合研究，断定它是什么意义，然后考求是什么字。如此还有难通之处，便活用其字形，借助于文法，乞灵于声韵，用假借之法沟通。他所认识的新字约五十，新发现或印证的史实以百计，共为文近四百篇，辑合成《积微居金文说》一书，很受当世学人重视。他总结自己认识彝铭文字的方法，于一九五一年作有《新识字之由来》，归纳成十二条通则。元好问《论诗绝句》云："鸳鸯绣出从教看，莫把金针度与人。"先叔治学，不但以其心得写成文字贡献于社会，而且还把其所用方法一一传给他人，正是把金针度与人。古人又说，"大匠不示人以璞"。先叔为文，如有改动、增补，每每连未改本也印出，或者附加案语说明所以然。读他的著作，享受其成果，固是一种乐趣，而更重要的，是得知其治学方法和途径。他既示人以璞，又慷慨地给后学以金针。

三

先叔之所以取得多方面的成就，依我个人的看法，有几点似乎可以启发后人。

第一是学一件，爱一件，专心致志地以深入研究此项学问为快乐。先叔、先父从小跟我祖父受读，我祖父熟于经书、史书，经书能暗诵如流，自不用说，史书，即《资治通鉴》也能背诵。先父兄弟若有疑问，不必持书离坐，就席提出所疑的开首几个字，先祖便接着暗诵下文，释疑解惑。先叔由此感受最深，乐于读书。孔子说："知之者不如好之者，好之者不如乐之者。"一个人以某事为乐，自然能以全心全力奔赴之。先叔对重要经书和《四史》，尤其是《汉书》，多能背诵，便由于此。他在日本学习日文，二十、三十年代，有时还陪日本客人说话，纵是他后来多年不用日语，可是，日语流畅之极。事后我曾发问："您的日语生疏十多二十年，为什么还说得如此流利？"他说："我和日本人同班，有时候，日本同学还向我请教哩。学得精熟，自然经久不忘。"由此足见他的治学精神。

第二，因为乐于治学，自然非常用功。我读过他的《回忆录》，几乎没有任何假日。星期日固然没有，就是新年元旦和春节，也照样从事学习和工作。他无论冬夏，都是清晨四时左右起床进入书斋，一直到吃早点。稍事休息，又继续工作。中饭后一般午睡，最长不过一小时。但晚饭后便不再工作。九时左右就寝，所以每天能保持旺盛的精力。

第三，他对最基本的读物，必熟读深思，甚至做各种卡片和笔记。我便读过他关于《说文》形声字依二十八部古韵的分部表；他做过甲文和金文的人名表、地名表、常用字典等。这些工作他都亲自动手而且认真制定，并且加以反复核对，如此，也便等于重新温习《说文》、甲文和彝铭。有了这种精熟工夫，便能左右逢源，运用自如。一遇有关文句与史料，马上便联想到，不须临时翻检就能引以为证。即不读他的《回忆录》或者日记，试从他每篇文字所记写作年、月、日，有时一日为文数篇，有时一日便可写一篇内容丰富的文章，不是蓄积有素，而待临时獭祭，哪能得此？

第四，他把教学、研究和著作三者结合。他每教一门功课，便自编讲义，讲义内容，多是自己研究心得，从不落人窠臼，人云亦云。讲过几次，最后便是著作定稿。如《高等国文法》、《汉书补注补正》、《甲文说》、《金文说》等书，都是由讲义逐渐积累增补修改而定的。他还教过《战国策》，一九三一年有《国策集解》一稿，一名《战国策校释》，逝世后流失在外，现由湖南省立图书馆和中央民族学院图书馆收藏，因为"尚未整理就绪如豫期"（摘录自《回忆录》一九三一年），所以未交付出版机构。他教文字学多年，写成《文字形义学》一书，自己说："此书前后十余年，煞费心思，自信中国文字学科学基础或当由此篇奠定。"可惜这稿的最后定本目前不知流失在哪里，我们能看到的只是部分未定稿。他教过训诂学，又写有《训诂学小史》，正和他所写《文法学小史》一样，仅有草稿。他又撰有《甲文蠡测撷要》讲义，曾印赠诸友以求教，不知何以没有收入他的《甲文说》诸书。这些都是他的教学、研究和著作的主要成果。

第五，他喜欢自己编工具书或者参考书。譬如他编写过《群书检目》，把中国古代重要典籍的篇章题目依笔划和部首编成索引，以便检寻。本来是自己用的，不久认为也可以给大家方便，便交书店出版。又如他打算把各种《疑年录》及其相类似的著作汇合抄成一种书，已经自己制成一种表格似的大张稿纸，先请人依人名的笔划、部首誊抄，然后自己加以校对、考订、补充，可能因为姜亮夫的《历代名人年里碑传总表》（今已改名《历代人物年里碑传综表》）问世，因而废弃了。诸如此类的事还有，不必一一列举。

总之，他的学习研究、教学和著作，实为繁荣学术文化、提高研究水平、给后学指示门径、开辟道路作出了各种贡献。

（原载《湖南师院学报》1982年4期）

黄季刚先生杂忆

我向黄季刚（侃）拜师以前六年，便先和他的长子念华结交。那是一九二六年夏，我从长沙来北京，住先叔遇夫（树达）先生家，准备应北京大学招收预科生考试。念华也来到北京，奉他父亲之命来谒见我先叔父。先叔叫我同他相识，因为他也是来应北大招考的。我住在西城，他却和北大的一些教师，如范仲沄（文澜）同志、郑石君（奠）先生等住在北大红楼对过的西老胡同（或是中老胡同）一个四合院。范老和郑石君先生都是季刚师的学生，因此季刚师把长子嘱托他们。当时，北京各大专院校，都各自招生，我和念华都仅报考北大。不约而同作一个打算：今年考不上，明年再来，充分准备一年，估计录取可能性大。北大的招考，当时分二次，第一次考国文、数学和英文，叫"初试"。初试录取后，再复试。文法科复试生物、历史、地理，理科复试生物、物理、化学。录取的标准是，初试，国、算、英每科及格，便榜上有名；复试不要各科都及格，只要平均在六十分以上，即总分在一百八十分以上便正式录取，不限名额。当时，大专院校聚集在北京，许多省市没有大学，所以全国青年，除上海外，大都奔赴北京，正好比清朝各省举人麇集京师会试、殿试一般。我两次都侥幸取录，念华也登了龙门（当时叫考取北大为登龙门）。榜一张出，念华首先得信，急忙用电话告诉我叔父，我叔父等我回家便告诉我。我一次也没去看榜，至今也不晓得名列第几，只要考上了便行。考前准备功课极其紧张，考后便觉一身轻松，于是每天找几个朋友同去游公园，逛名胜。念华呢，还是守在西（或中）老胡同四合院里，拖也拖不出来。季刚师嘱他每天点读《汉书》一卷，就是开学上课了也不例外，他便也老老实实遵行父命，从不偷懒。我当时觉得季刚师教子未免过于严厉，念华也真是循规蹈矩。不到一年，念华便因肺结核而少年夭折，听说季刚师极为痛心，还因此搬了家。

一九三二年春天，季刚师又全家来北京（当时改名北平）。当时日本军队已占领东北锦州，十九路军又在上海奋起抗日，蒋介石的国民政府迁都洛阳。季刚师之所以全家回北京居住，据我个人估计，可能作较长期地定居。我叔父叫我去拜他为师。礼节是，到他家，用红纸封套装十块大洋，还得向他磕个头。我本不愿意磕头，但是先叔说："季刚学问好得很，不磕头，得不了真本领。你非磕头不行！"我出于无奈，只得去季刚师家。季刚师一听我去了，便叫到上房里去坐。我把红套取出放在桌上，说明拜师的诚心，跪下去磕一个头。季刚师便说："从这时起，你是我的门生了。"他又说："我和刘申叔，本在师友之间，若和太炎师（章炳麟）在一起，三人无所不谈。但一谈到经学，有我在，申叔便不开口。他和太炎师能谈经学，为什么不愿和我谈呢？我猜想到了，他要我拜他为师，才肯传授经学给我。因此，某次只有申叔师和我在的时候，我便拿了拜师贽敬，向他磕头拜师。这样一来，他便把他的经学一一传授给我。太炎师的小学胜过我，至于经学，我未必不如太炎师，或者还青出于蓝。我的学问是磕头得来的，所以我收弟子，一定要他们一一行拜师礼节。现在你是我弟子了，从明日下午起，每日我教你们《书经》。你乡贤王先谦的《尚书孔传参正》总有罢，带了来，先预习《尧典》，明日开讲。"

以后每日下午从二点钟起，开讲《尚书》，一直讲到四点。在这一百二十分钟中，季刚师几乎不大休息。只是在抽烟和喝茶时才不得不把嘴唇用在别处。他不大谈王先谦的注解，只讲他的心得。他说："王先谦的注解，你们早已看了，何必我讲？"听讲的约十人左右，在季刚师逝世后，后还和我来往的只有汪孟涵（绍楹），而他早已于前几年作古。四点钟以后，并不走散，只是大家走动走动，季刚师便又讲他近日看了什么书，这书怎么好，或者怎么不好。他喜欢谈南宋词，尤其喜欢吴文英的词，这是自朱孝臧以来的词坛风气，正如前清同治、光绪以来，诗坛都争学江西诗派一样。这种闲谈，对我们更有兴趣，也更有益处。季刚师察觉到，以后逐渐把较多时间用于天南地北地谈学术源流，谈他新近买的和看的书，谈诗谈词和骈文，几乎他有什么心得，便谈什么，有时甚至谈太炎先生最近的文章。我记得他曾说，有一位山东半岛的某太夫人，作六十大寿。这位太夫人在清末和民初，系男女平等的倡导者，和太炎也认识，一定要太炎为她作寿序。太炎这时却不赞同男女平等了，寿序怎么写呢？太炎的这篇寿序大段叙述这位太夫人倡导男女平等的主张，结尾却写："诘朝登芝罘之巅，东望日出，回顾落月，其平如引绳，斯盖饮觞称寿之时也。"这是暗用《尚书》伪孔传和孔颖达疏，虽然

"其平如引绳"，只是暂时一现，终究是日出越高，月落则不见了。表面祝寿，实是把男女比成日月，不能平等。这种文章，写得巧妙，掷地作金石声。太炎的某些文章，你们读它，不能轻轻放过；要细咀碎嚼，反复咏味，才能得其精髓。他的这些闲谈，对我们有比较大的启发。

季刚师不但教我们读书，也带我们出游，曾同游法源寺、广济寺等等地方。游完，便一同找个有名饭馆吃晚饭。他每饭一定喝最好的白酒，我是不能喝酒的，只能勉强陪他喝一杯，顶多两杯。就是酒量大的，也不能同他比。他说，饮君子要浅斟细酌。用大杯咕噜咕噜喝下去，纵使喝得多，算不得饮君子。我们每次陪他吃饭，至少得花两三小时。饭罢，还得拈韵或作诗，或填词，限第二天上课前交卷。他也作诗填词，拿出来同我们的比。自然，我们哪能及他？

他要离开北平了，我们共同给他饯行，在丰泽园定了一桌丰盛的酒席。他极高兴，边喝边谈。有的同学带了宣纸和好笔好墨好砚台，当场研墨，说日本侵略越来越紧了，此别不知何日再见，请业师为每人写一副对联，以留纪念。他毫不推辞，就各人身世，临时撰句挥笔。送别人的联语我不记得了，送我的是："铅椠编书惊子骏，葫芦藏史问游秦。"铅椠编书是扬雄著《方言》的故事，见《西京杂记》，这里指先叔的《词诠》。子骏是刘歆的字，季刚师自比于刘歆。葫芦藏史指《汉书》，先叔当时著有《汉书补注补正》(后来扩大成《汉书窥管》)，游秦是《汉书》注者颜师古的叔父。他旁题云："伯峻世讲能传贤叔《汉书》之业，诠句赠之。"用小篆写的。不少赠联并没有旁题。撰写了几乎十副对联，还有余兴，又模仿各种字体，如翁同龢、康有为，各人写一名刺，都模仿得很像。我问他，老师何以不著书。他说："学问成熟，自然要著书。我打算五十以后就从事著作。"他在南京做五十岁生日，我以两地相隔遥远，而不能去。当时太炎先生赠一寿联："韦编三绝今知命，黄绢初裁好著书。"太炎先生是催他写书，他却认为是谶语。上联末字是"命"，下联初"黄绢"用《世说新语·捷悟篇》杨修故事，"黄绢，色丝也，于字为绝"。合起来是"命绝"二字，季刚师因此大不高兴，以为"命该绝矣"。我知道他五十一岁后即逝世，是太不讲究生活的缘故。一则喜欢和别人斗气，二则是好酒少眠，夜晚用功，常常到黎明才睡。一个人不是铁打的，长期这样，哪里禁得住？可惜一位绝顶聪明而用功的学者，没有给后人留下应有的文化遗产！

（原载《学林漫录》1981年第2集）

中华书局出版的杨伯峻著作

书 名	装帧	字体	ISBN
论语译注（中国古典名著译注丛书）	平	繁	978-7-101-07024-8
论语译注（简体字本）	平	简	978-7-101-05419-4
论语译注（国民阅读经典）	精	简	978-7-101-08559-4
论语译注（大字本）	平	简	978-7-101-10720-3
论语译注（典藏版）	精	简	978-7-101-10778-4
论语译注（线装本）	线装	繁	978-7-101-09516-6
孟子译注（中国古典名著译注丛书）	平	繁	978-7-101-00397-0
孟子译注（简体字本）	平	简	978-7-101-06358-5
孟子译注（国民阅读经典）	精	简	978-7-101-08558-7
孟子译注（线装本）	线装	繁	978-7-101-10660-2
春秋左传注（中国古典名著译注丛书）	平	繁	978-7-101-07074-3
春秋左传词典	精	繁	978-7-101-08859-5
白话左传	平	简	978-7-101-11533-8
列子集释（新编诸子集成）	平	繁	978-7-101-09213-4
列子集释（中华国学文库）	精	简	978-7-101-08529-7
经子浅谈	平	简	978-7-101-11345-7
文言语法	平	简	978-7-101-11619-9
论语译注（随身本）	平	简	即出
孟子译注（典藏版）	精	简	即出
春秋左传注（中华国学文库）	精	简	即出